• 아가페 영어성경 쓰기 시리즈 •

영어성경
잠언 쓰기

쉬운성경 · NLT®

Proverbs

아가페

여호와를 경외함이 지혜의 근본이요,
거룩한 분을 아는 것이 명철의 시작이다.

– 잠언 9:10, 쉬운성경 –

Fear of the LORD is the foundation of wisdom.
Knowledge of the Holy One results in good judgment.

– Proverbs 9:10, NLT® –

영어성경 잠언 쓰기를 시작하시는 분들께

1. 기도로 시작하세요.

한 글자 한 글자를 쓰는 동안, 언어를 뛰어넘어 살아있는 하나님의 말씀이
내 안에 들어올 수 있도록 기도합니다.

2. 말씀의 의미를 마음에 새기면서 쓰세요.

단순히 영어로 한번 쓰는 것이 목적이 아닙니다.
말씀의 의미를 이해하면서 써나갈 수 있도록 주의를 기울이세요.
모르는 영단어는 하단의 단어 설명과 사전을 참고하세요.

3. 다 쓰고 나면 꼭 말씀을 묵상하세요.

묵상이란 말씀을 깊이 생각하면서 내 것으로 만드는 시간입니다.
쓰기를 마친 후에는 말씀이 내게 주시는 깨달음에 대해 조용히 묵상하세요.

4. 적당한 분량을 정해 놓고 매일 꾸준히 쓰세요.

한꺼번에 많은 양을 쓰려고 하지 마세요.
적당한 분량을 매일 꾸준히 쓰는 것이 중요합니다.

잠언이란?

히브리어로 '미쉴레 쉐로모', 헬라어로 '파로이 미아이 살로몬토스'라고 합니다. 두 가지 모두 '솔로몬의 잠언들'이란 뜻입니다. 대부분의 잠언 내용이 솔로몬이 말한 것이기 때문에 그의 이름을 따서 책명을 정한 것으로 봅니다.

저자와 저작시기

솔로몬 왕 자신이 직접 기록한 것이 대부분이지만, 아굴, 르무엘 왕, 그밖의 몇몇 사람들도 잠언을 기록하였습니다. 저작 시기는 B.C. 1000년에서 700년 사이로 추정하나, B.C. 931년경 솔로몬에 의해 기록된 것이 가장 많습니다.

기록 장소와 대상

유다지역에서 기록되었을 것으로 추정합니다. 이스라엘 민족을 대상으로 지혜가 어떻게 일상생활에 실질적으로 적용되는지를 보여주기 위해 쓰였지만, 암시적인 독자층은 원래 젊은이(청년)입니다. 반복적으로 독자를 '내 아들아'라고 부르며, 갓 성인기에 접어든 청년들이 주로 당면할 유혹들에 대한 경고(폭력, 거짓, 비도덕적 여인을 좇는 것 등)가 자주 등장합니다.

핵심어 및 내용

잠언의 핵심어는 '지혜'입니다. 하나님의 지혜로운 속성을 인격화하여, 어떻게 일상 가운데 의로운 삶을 살 수 있을지에 대해 자세히 설명합니다. 하나님을 떠나서는 진정한 지혜가 있을 수 없다는 것이 본서가 말하는 진리입니다. 하나님을 경외하는 것이 지혜의 근본임을 강조합니다.

한글 성경 본문은 아가페 쉬운성경, 영어 성경 본문은 Tyndale의 NLT®(2015)를 수록하였습니다.

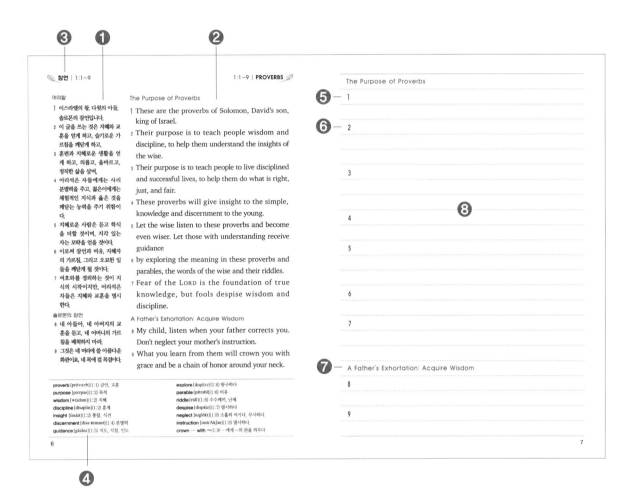

1. 아가페 쉬운성경

2. NLT®(2015)

3. 페이지에 해당하는 장, 절 표기

4. 주요 영단어 뜻풀이 및 발음 기호

5. 장 숫자 수록

6. 절 숫자 수록

7. 소제목 수록

8. 필사 페이지

　-왼쪽 NLT® 본문과 장·절 구성이 동일합니다.

　-영어 본문을 보시며 한 줄씩 똑같이 쓰시면 됩니다.

※ 필사 페이지의 경우, 간혹 하단에 1행의 여백이 생길 수 있음을 밝힙니다.

머리말

1 이스라엘의 왕, 다윗의 아들, 솔로몬의 잠언입니다.

2 이 글을 쓰는 것은 지혜와 교훈을 얻게 하고, 슬기로운 가르침을 깨닫게 하고,

3 훈련과 지혜로운 생활을 얻게 하고, 의롭고, 올바르고, 정직한 삶을 살며,

4 어리석은 자들에게는 사리 분별력을 주고, 젊은이에게는 체험적인 지식과 옳은 것을 깨닫는 능력을 주기 위함이다.

5 지혜로운 사람은 듣고 학식을 더할 것이며, 지각 있는 자는 모략을 얻을 것이다.

6 이로써 잠언과 비유, 지혜자의 가르침, 그리고 오묘한 일들을 깨닫게 될 것이다.

7 여호와를 경외하는 것이 지식의 시작이지만, 어리석은 자들은 지혜와 교훈을 멸시한다.

솔로몬의 잠언

8 내 아들아, 네 아버지의 교훈을 듣고, 네 어머니의 가르침을 배척하지 마라.

9 그것은 네 머리에 쓸 아름다운 화관이요, 네 목에 걸 목걸이다.

The Purpose of Proverbs

1 These are the proverbs of Solomon, David's son, king of Israel.

2 Their purpose is to teach people wisdom and discipline, to help them understand the insights of the wise.

3 Their purpose is to teach people to live disciplined and successful lives, to help them do what is right, just, and fair.

4 These proverbs will give insight to the simple, knowledge and discernment to the young.

5 Let the wise listen to these proverbs and become even wiser. Let those with understanding receive guidance

6 by exploring the meaning in these proverbs and parables, the words of the wise and their riddles.

7 Fear of the LORD is the foundation of true knowledge, but fools despise wisdom and discipline.

A Father's Exhortation: Acquire Wisdom

8 My child, listen when your father corrects you. Don't neglect your mother's instruction.

9 What you learn from them will crown you with grace and be a chain of honor around your neck.

---

proverb [právə:rb](1:1) 금언, 교훈

purpose [pə́:rpəs](1:2) 목적

wisdom [wízdəm](1:2) 지혜

discipline [dísəplin](1:2) 훈계

insight [ínsàit](1:2) 통찰, 식견

discernment [disə́:rnmənt](1:4) 분별력

guidance [gáidns](1:5) 지도, 지침, 인도

explore [ikspló:r](1:6) 탐구하다

parable [pǽrəbl](1:6) 비유

riddle [rídl](1:6) 수수께끼, 난제

despise [dispáiz](1:7) 멸시하다

neglect [niglékt](1:8) 소홀히 여기다, 무시하다

instruction [instrʌ́kʃən](1:8) 교육, 지시, 가르침

crown … with ~(1:9) …에게 ~의 관을 씌우다

The Purpose of Proverbs

1

2

3

4

5

6

7

A Father's Exhortation: Acquire Wisdom

8

9

10 내 아들아, 죄인들이 너를 유혹하더라도 따르지 마라.

11 저들이 이렇게 말할 것이다. "같이 가서, 숨어 있다가 사람을 잡자. 무조건 숨어서 죄 없는 사람을 기다리자.

12 우리가 저들을 무덤처럼 산 채로 삼켜 버리자! 지옥에 떨어지는 자처럼 통째로 삼켜 버리자.

13 온갖 종류의 보물들을 취하여, 우리 집을 약탈물로 채우자.

14 너도 이 가운데서 제비를 뽑아라. 우리 모두 한 부대씩 나눠 가지자."

15 내 아들아, 저들과 같이 길을 다니지 말고 저들이 있는 곳에 발도 내딛지 마라.

16 왜냐하면 저들의 발은 범죄하러 내달리고, 저들은 사람 죽이기에 재빠르기 때문이다.

17 새가 보는 앞에서 그물을 펼치는 것은 헛수고가 아니냐?

18 이 사람들은 결국 자기 피를 흘리려고 숨어서 기다리며, 자기 생명을 해하려고 기다릴 뿐이다.

19 옳지 않은 방법으로 이득을 노리는 자의 결과는 다 이러하니, 결국 자기 생명만 해칠 뿐이다.

지혜의 말

20 지혜가 길거리에서 소리치고, 광장에서 외친다.

10 My child, if sinners entice you, turn your back on them!

11 They may say, "Come and join us. Let's hide and kill someone! Just for fun, let's ambush the innocent!

12 Let's swallow them alive, like the grave; let's swallow them whole, like those who go down to the pit of death.

13 Think of the great things we'll get! We'll fill our houses with all the stuff we take.

14 Come, throw in your lot with us; we'll all share the loot."

15 My child, don't go along with them! Stay far away from their paths.

16 They rush to commit evil deeds. They hurry to commit murder.

17 If a bird sees a trap being set, it knows to stay away.

18 But these people set an ambush for themselves; they are trying to get themselves killed.

19 Such is the fate of all who are greedy for money; it robs them of life.

Wisdom Shouts in the Streets

20 Wisdom shouts in the streets. She cries out in

---

sinner [sínər](1:10) 죄인
entice [intáis](1:10) 유혹하다
ambush [ǽmbuʃ](1:11) 매복하다
innocent [ínəsənt](1:11) 결백한 사람
swallow [swɑ́lou](1:12) 삼키다
stuff [stʌf](1:13) 물건, 물질
throw in one's lot with ~(1:14) ~와 같이 제비뽑다

loot [lu:t](1:14) 약탈물, 전리품
path [pæθ](1:15) 길, 경로, 방향
rush [rʌʃ](1:16) 서두르다, 돌진하다
commit [kəmít](1:16) 저지르다, 범하다
fate [feit](1:19) 운명, 최후의 결말
be greedy for ~(1:19) ~를 탐하다
rob … of ~(1:19) …에서 ~를 빼앗다

10

11

12

13

14

15

16

17

18

19

Wisdom Shouts in the Streets

20

21 지혜가 성벽 위에서 소리치고, 성문 어귀에서 외친다.

22 "미련한 자들아, 언제까지 미련하게 행동할 것이냐? 비웃는 자들아, 언제까지 비웃음을 즐기겠느냐? 어리석은 자들아, 언제까지 지식을 미워하겠느냐?

23 내 책망을 듣고 너희가 회개하면, 내가 내 영을 너희에게 부어 주고, 내 말들을 너희에게 깨닫게 해 줄 것이다.

24 내가 부를 때에 너희는 나를 배척했고, 내가 손을 펼쳤을 때에 너희는 들은 척도 하지 않았다.

25 너희는 내 조언을 무시하고, 내 책망을 받아들이지 않았다.

26 그러므로 나도 네가 재앙을 만날 때에 비웃고, 두려운 일이 너를 덮칠 때에 조롱할 것이다.

27 재앙이 폭풍같이 너를 덮치고, 재난이 태풍같이 너에게 내리치며 좌절과 근심이 너에게 닥쳐올 때,

28 그제서야 너희는 나를 부르겠지만, 나는 대답하지 않을 것이다. 저들이 나를 찾겠지만, 나를 찾지 못할 것이다.

29 그것은 너희가 지식을 미워하고, 여호와를 경외하는 것을 택하지 않았기 때문이다.

the public square.

21 She calls to the crowds along the main street, to those gathered in front of the city gate:

22 "How long, you simpletons, will you insist on being simpleminded? How long will you mockers relish your mocking? How long will you fools hate knowledge?

23 Come and listen to my counsel. I'll share my heart with you and make you wise.

24 "I called you so often, but you wouldn't come. I reached out to you, but you paid no attention.

25 You ignored my advice and rejected the correction I offered.

26 So I will laugh when you are in trouble! I will mock you when disaster overtakes you–

27 when calamity overtakes you like a storm, when disaster engulfs you like a cyclone, and anguish and distress overwhelm you.

28 "When they cry for help, I will not answer. Though they anxiously search for me, they will not find me.

29 For they hated knowledge and chose not to fear the LORD.

simpleton [símpltən](1:22) 바보
simpleminded [símplmáindid](1:22) 어리석은
mocker [mάkər](1:22) 조롱하는 사람
relish [réliʃ](1:22) 좋아하다, 즐기다
reach out (1:24) 손을 뻗다, 접근하다
correction [kərékʃən](1:25) 징계, 벌
disaster [dizǽstər](1:26) 재앙

overtake [ouˈvərteiˌk](1:26) 덮치다
calamity [kəlǽməti](1:27) 재난
engulf [ingʌ́lf](1:27) 삼키다
anguish [ǽŋgwiʃ](1:27) 고뇌, 번민
distress [distrés](1:27) 고민, 고통
overwhelm [òuvərhwélm](1:27) 압도하다
anxiously [ǽŋkʃəsli](1:28) 간절히

21

22

23

24

25

26

27

28

29

30 그것은 너희가 내 교훈을 받아들이지 않고, 내 책망을 업신여겼기 때문이다.

31 그러므로 저들은 자기가 뿌린 씨의 열매를 먹고, 자기 꾀의 결과로 배부를 것이다.

32 미련한 자들은 제멋대로 행동하다 죽고, 어리석은 자들은 태만히 행하다가 망할 것이다.

33 그러나 내 말을 순종하는 사람들은 안전하게 살고, 해를 걱정하지 않고 평안할 것이다."

지혜가 주는 상

2 내 아들아, 네가 내 말을 듣고, 내 명령을 마음에 깊이 간직한다면,

2 네 귀를 지혜에 기울이고, 네 마음을 총명에 둔다면,

3 네가 명철을 찾아 부르짖고, 총명을 찾아 외친다면,

4 은을 찾듯 네가 그것을 찾고 숨은 보화를 찾듯 한다면,

5 너는 여호와를 경외하는 법을 깨닫고, 하나님을 아는 지식을 찾을 것이다.

6 왜냐하면 여호와께서 지식을 주시고, 그분으로부터 지식과 총명이 나오기 때문이다.

7 그분은 정직한 사람들을 위해 성공을 예비하시고, 흠 없는 사람을 보호해 주시니,

30 They rejected my advice and paid no attention when I corrected them.

31 Therefore, they must eat the bitter fruit of living their own way, choking on their own schemes.

32 For simpletons turn away from me—to death. Fools are destroyed by their own complacency.

33 But all who listen to me will live in peace, untroubled by fear of harm."

The Benefits of Wisdom

2 My child, listen to what I say, and treasure my commands.

2 Tune your ears to wisdom, and concentrate on understanding.

3 Cry out for insight, and ask for understanding.

4 Search for them as you would for silver; seek them like hidden treasures.

5 Then you will understand what it means to fear the LORD, and you will gain knowledge of God.

6 For the LORD grants wisdom! From his mouth come knowledge and understanding.

7 He grants a treasure of common sense to the honest. He is a shield to those who walk with integrity.

8 He guards the paths of the just and protects

---

reject [ridʒékt](1:30) 거절하다, 받아들이지 않다
therefore [ðéərfɔ̀:r](1:31) 그러므로, 그렇기 때문에
choke [tʃouk](1:31) 질식하다, 목이 메다
scheme[ski:m](1:31) 음모, 계획
complacency [kəmpléisnsi](1:32) 자기만족
treasure [tréʒər](2:1) 소중히 간직하다, 명심하다
tune … to ~ (2:2) …를 ~에 맞추다

concentrate on ~(2:2) ~에 집중하다
cry out (2:3) 소리치다
knowledge [nálidʒ](2:5) 지식
grant [grænt](2:6) 주다, 수여하다
common sense (2:7) 상식
shield [ʃi:ld](2:7) 방패
integrity[intégrəti](2:7) 완전, 고결

30

31

32

33

The Benefits of Wisdom

2

2

3

4

5

6

7

8

8 그것은 그분이 의로운 사람의 길을 지키시고, 주께 충성하는 사람들의 길을 보호하시기 때문이다.

9 그러면 너는 무엇이 바르고, 의롭고, 공평한 것인지, 곧 모든 좋은 길을 깨닫게 될 것이다.

10 지혜가 네 마음에 들어가고, 지식이 네 영혼을 달콤하게 만들 것이다.

11 너의 분별력이 너를 지키며, 총명이 너를 보호할 것이다.

12 지혜가 악한 자의 길에서 너를 지키며, 악한 말을 내뱉는 자들로부터 너를 지킬 것이다.

13 그들은 바른 길을 버리고, 어두컴컴한 길을 택하는 자들이며,

14 범죄를 즐기고, 악한 일을 좋아할 것이다.

15 저들의 길은 구불구불하고, 그들은 잘못된 길로 걷는다.

16 또한 지혜는 창녀로부터 너를 지켜 주고, 유혹하는 말로부터 너를 지켜 줄 것이다.

17 창녀는 젊은 시절의 남편을 떠나, 하나님 앞에서 한 서약을 깨뜨린 자이다.

18 그녀의 집은 죽음에 이르는 길이며, 그녀의 길은 죽은 자들의 영이 있는 곳으로 향한다.

19 누구든지 그녀에게 가는 사람은 돌이킬 수도, 생명의 길에 이를

those who are faithful to him.

9 Then you will understand what is right, just, and fair, and you will find the right way to go.

10 For wisdom will enter your heart, and knowledge will fill you with joy.

11 Wise choices will watch over you. Understanding will keep you safe.

12 Wisdom will save you from evil people, from those whose words are twisted.

13 These men turn from the right way to walk down dark paths.

14 They take pleasure in doing wrong, and they enjoy the twisted ways of evil.

15 Their actions are crooked, and their ways are wrong.

16 Wisdom will save you from the immoral woman, from the seductive words of the promiscuous woman.

17 She has abandoned her husband and ignores the covenant she made before God.

18 Entering her house leads to death; it is the road to the grave.

19 The man who visits her is doomed. He will never reach the paths of life.

---

faithful [féiθfəl](2:8) 충실한, 독실한
fill … with ~(2:10) …를 ~로 채우다
watch over(2:11) 보호하다, 돌보아 주다
save … from ~(2:12) ~에서 …를 구원하다
twisted [twístid](2:12) 꼬인, 비뚤어진
take pleasure in ~(2:14) ~을 즐거워하다
crooked [krúkid](2:15) 구부러진, 부정직한

immoral [imɔ́:rəl](2:16) 부도덕한
seductive [sidʌ́ktiv](2:16) 유혹하는
promiscuous [prəmískjuəs](2:16) 난잡한
abandon [əbǽndən](2:17) 버리다
covenant [kʌ́vənənt](2:17) 계약, 언약
grave [greiv](2:18) 무덤
doomed [du:md](2:19) 심판을 받은, 불운한

9

10

11

12

13

14

15

16

17

18

19

수도 없다.

20 그러므로 너는 선한 사람들의 길을 걸으며, 의로운 사람의 길에 굳게 서라.

21 정직한 사람은 땅에서 잘 되고, 흠 없는 사람은 성공한다.

22 그러나 악한 사람은 땅에서 끊어지고, 사기꾼은 땅에서 뿌리째 뽑힐 것이다.

자녀에게 교훈하다

3 내 아들아, 내 가르침을 잊지 말고, 내 명령들을 네 마음에 소중히 간직하여라.

2 그렇게 하면, 너는 오래 살고, 성공하게 될 것이다.

3 너는 성실과 사랑을 절대 버리지 말고, 그것을 네 목에 걸고, 네 마음판에 잘 새겨라.

4 그리하면 네가 하나님과 사람 앞에서 은총과 칭찬을 받을 것이다.

5 네 마음을 다하여 여호와를 신뢰하고, 절대로 네 슬기를 의지하지 마라.

6 너는 네 모든 길에서 그분을 인정하여라. 그러면 그분이 너의 길을 형통하게 만들어 주실 것이다.

7 스스로 지혜로운 체하지 말고, 여호와를 경외하고 악한 일은

20 So follow the steps of the good, and stay on the paths of the righteous.

21 For only the godly will live in the land, and those with integrity will remain in it.

22 But the wicked will be removed from the land, and the treacherous will be uprooted.

Trusting in the LORD

3 My child, never forget the things I have taught you. Store my commands in your heart.

2 If you do this, you will live many years, and your life will be satisfying.

3 Never let loyalty and kindness leave you! Tie them around your neck as a reminder. Write them deep within your heart.

4 Then you will find favor with both God and people, and you will earn a good reputation.

5 Trust in the LORD with all your heart; do not depend on your own understanding.

6 Seek his will in all you do, and he will show you which path to take.

7 Don't be impressed with your own wisdom. Instead, fear the LORD and turn away from evil.

---

righteous [ráitʃəs](2:20) 올바른, 정당한
godly [gɑ́dli](2:21) 경건한
integrity [intégrəti](2:21) 완전, 고결
be removed from ~(2:22) ~로부터 끊어지다
treacherous [trétʃərəs](2:22) 배반하는
uproot [əprúːt](2:22) 뿌리째 뽑다
store … in ~ (3:1) …를 ~에 저장하다

satisfy [sǽtisfài](3:2) 만족시키다, 이루다
loyalty [lɔ́iəlti](3:3) 성실, 충실
find favor with ~(3:4) ~의 총애를 받다
reputation [rèpjutéiʃən](3:4) 명성
depend on ~(3:5) ~에 의지하다
be impressed with ~(3:7) ~에 깊은 감명을 받다
turn away from~(3:7) ~로부터 떨어지다

20

21

22

Trusting in the LORD

3

2

3

4

5

6

7

피하여라.

8 그것이 네 몸을 치료하고, 네 뼈들을 윤택하게 해 줄 것이다.

9 네 재물과 네 수확물의 첫 열매를 드려 여호와를 공경하여라.

10 그러면 네 창고들이 차고 넘치게 될 것이며, 네 포도주통들이 포도주로 가득 찰 것이다.

11 내 아들아, 여호와의 징계를 멸시하지 말고, 그의 책망을 언짢게 여기지 마라.

12 여호와께서는 자신이 사랑하는 자들을 징계하시되, 아버지가 사랑하는 아들에게 하는 것과 같이 하신다.

13 지혜를 발견하고, 총명을 얻는 자는 복이 있다.

14 지혜는 은보다 더 소득이 많고, 금보다 더 많은 이익을 준다.

15 지혜는 보석보다 값지니, 네가 탐하는 그 어떤 것과도 비길 수 없다.

16 지혜의 오른손에는 장수가 있고, 그 왼손에는 부와 명예가 있다.

17 지혜의 길은 즐거움의 길이며, 그 모든 길은 평안이다.

18 지혜는 그것을 붙잡는 자에게 생명나무가 되어 주며, 그것을 잡는 자에게 복을 준다.

19 여호와는 지혜로 땅의 기초를 세우셨고, 총명으로 하늘을 그

8 Then you will have healing for your body and strength for your bones.

9 Honor the LORD with your wealth and with the best part of everything you produce.

10 Then he will fill your barns with grain, and your vats will overflow with good wine.

11 My child, don't reject the LORD's discipline, and don't be upset when he corrects you.

12 For the LORD corrects those he loves, just as a father corrects a child in whom he delights.

13 Joyful is the person who finds wisdom, the one who gains understanding.

14 For wisdom is more profitable than silver, and her wages are better than gold.

15 Wisdom is more precious than rubies; nothing you desire can compare with her.

16 She offers you long life in her right hand, and riches and honor in her left.

17 She will guide you down delightful paths; all her ways are satisfying.

18 Wisdom is a tree of life to those who embrace her; happy are those who hold her tightly.

19 By wisdom the LORD founded the earth; by understanding he created the heavens.

---

strength [streŋkθ](3:8) 힘, 강함
honor [ánər](3:9) 공경하다
wealth [welθ](3:9) 재산, 부
barn [ba:rn](3:10) 창고, 헛간
vat [væt](3:10) 큰 통
overflow [ou'vərflou,](3:10) 넘치다, 가득 차다
discipline [dísəplin](3:11) 징계

gain [gein](3:13) 얻다
profitable [práfitəbl](3:14) 유익한
wage [weidʒ](3:14) 임금, 품삯
precious [préʃəs](3:15) 귀중한
compare with ~(3:15) ~에 비하다
delightful [diláitfəl](3:17) 매우 기쁜, 즐거운
embrace [imbréis](3:18) 붙잡다, 껴안다

8

9

10

11

12

13

14

15

16

17

18

19

자리에 만드셨다.

20 그분의 지식으로 깊은 바다가 갈라지고, 구름에서 이슬이 내린다.

21 내 아들아, 바로 판단하고 분별하여, 그것을 한시도 잊지 마라.

22 그것을 너의 생명이자, 네 목에 걸 목걸이로 삼아라.

23 그러면 너는 네 길에서 안전할 것이며, 발이 걸려 넘어지지 않을 것이다.

24 네가 누울 때, 너는 두려워하지 않고, 네가 누울 때, 네 잠이 달 것이다.

25 너는 악인에게 갑작스럽게 닥치는 재난이나 파멸을 조금도 두려워하지 마라.

26 여호와는 너의 의지가 되시고, 네 발이 올무에 걸려 넘어지지 않도록 지키실 것이다.

27 네게 행할 능력이 있거든, 도움이 필요한 사람에게 기꺼이 도움을 주어라.

28 네게 지금 물건이 있다면, 네 이웃에게 "갔다가 다시 오게나. 내일 주겠네"라고 말하지 마라.

29 네 이웃이 평안히 네 곁에서 살거든, 네 이웃을 해칠 음모를 꾸미지 마라.

30 너에게 해를 끼치지 않은 사람을 아무 까닭 없이 비난하지 마라.

31 난폭하게 구는 사람을 부러워하

20 By his knowledge the deep fountains of the earth burst forth, and the dew settles beneath the night sky.

21 My child, don't lose sight of common sense and discernment. Hang on to them,

22 for they will refresh your soul. They are like jewels on a necklace.

23 They keep you safe on your way, and your feet will not stumble.

24 You can go to bed without fear; you will lie down and sleep soundly.

25 You need not be afraid of sudden disaster or the destruction that comes upon the wicked,

26 for the LORD is your security. He will keep your foot from being caught in a trap.

27 Do not withhold good from those who deserve it when it's in your power to help them.

28 If you can help your neighbor now, don't say, "Come back tomorrow, and then I'll help you."

29 Don't plot harm against your neighbor, for those who live nearby trust you.

30 Don't pick a fight without reason, when no one has done you harm.

31 Don't envy violent people or copy their ways.

---

fountain of ~(3:20) ~의 근원, 원천
burst forth [bəːrst fɔːrθ](3:20) 갑자기 나타나다, 튀어나오다
beneath [biníːθ](3:20) 아래에, 밑에
lose sight of ~(3:21) ~을 시야에서 놓치다, 잊어버리다
discernment [disə́ːrnmənt](3:21) 분별력
hang on to ~(3:21) ~를 지키다
necklace [néklis](3:22) 목걸이

stumble [stʌmbl](3:23) 걸려 넘어지다
soundly [sáundli](3:24) 충분히, 푹
withhold … from ~(3:27) ~에게 …을 보류하다
neighbor [néibər](3:28) 이웃, 주변 사람
plot against ~(3:29) ~를 향해 음모를 꾸미다
pick a fight(3:30) (~에게) 싸움을 걸다
envy [énvi](3:31) 부러워하다

20

21

22

23

24

25

26

27

28

29

30

31

거나 그의 행위를 본받지 마라.

32 여호와께서는 비뚤어진 사람을 가증히 여기시고, 정직한 사람을 신뢰하신다.

33 여호와께서는 악인의 집은 저주하시지만, 의인의 집에는 복을 주신다.

34 그분은 교만한 자를 비웃으시고, 겸손한 자에게 은혜를 주신다.

35 지혜로운 사람은 영광을 얻지만, 어리석은 사람은 수치를 당할 것이다.

지혜의 중요성

4 아들들아, 너희는 아버지의 교훈을 듣고, 순종하여 총명을 얻어라.

2 내가 너희에게 선한 가르침을 주리니, 내 가르침을 잊지 마라.

3 내가 어려서 내 아버지에게 아들이었고, 어머니의 온순한 사랑을 받는 자였을 때,

4 아버지는 내게 이렇게 가르쳐 주셨다. "너는 내 가르침을 마음에 굳게 새겨, 내 명령들을 지켜라. 그러면 살 것이다.

5 지혜를 얻고, 총명을 사거라. 내 가르침을 잊지 말고, 그것에서 떠나지 마라.

6 지혜를 잊지 마라. 그러면 지혜가 너를 보호할 것이다. 지혜를 사랑하면 그것이 너를 지켜 줄 것이다.

32 Such wicked people are detestable to the LORD, but he offers his friendship to the godly.

33 The LORD curses the house of the wicked, but he blesses the home of the upright.

34 The LORD mocks the mockers but is gracious to the humble.

35 The wise inherit honor, but fools are put to shame!

A Father's Wise Advice

4 My children, listen when your father corrects you. Pay attention and learn good judgment,

2 for I am giving you good guidance. Don't turn away from my instructions.

3 For I, too, was once my father's son, tenderly loved as my mother's only child.

4 My father taught me, "Take my words to heart. Follow my commands, and you will live.

5 Get wisdom; develop good judgment. Don't forget my words or turn away from them.

6 Don't turn your back on wisdom, for she will protect you. Love her, and she will guard you.

7 Getting wisdom is the wisest thing you can do! And whatever else you do, develop good

---

detestable [ditéstəbl](3:32) 증오할, 몹시 싫은
friendship [fréndʃip](3:32) 우정, 친밀
upright [ʌpràit](3:33) 올바른, 정직한
mock [mak](3:34) 조롱하다
gracious [gréiʃəs](3:34) 자비로운, 상냥한
inherit [inhérit](3:35) 상속하다, 물려받다
put to shame(3:35) 부끄러움을 당하다

pay attention(4:1) 주의를 기울이다
judgment [dʒʌ́dʒmənt](4:1) 판단력, 식견
turn away from ~(4:2) ~로부터 멀리하다
tenderly [téndərli](4:3) 유약하게
protect [prətékt](4:6) 보호하다
guard [ga:rd](4:6) 지키다, 보호하다
whatever [hwʌtévər](4:7) 무엇이든, 어떻든 간에

32

33

34

35

A Father's Wise Advice

4

2

3

4

5

6

7

7 지혜가 최고이니, 지혜를 사거라. 네 모든 소유를 가지고 총명을 사거라.

8 지혜를 존중하여라. 그러면 지혜가 너를 높여 줄 것이다. 지혜를 취하여라. 그러면 너를 영예롭게 해 줄 것이다.

9 지혜가 네 머리에 아름다운 화관을 씌워 주며, 영화로운 면류관을 줄 것이다."

10 내 아들아, 내가 하는 말을 귀담아들어라. 그러면 너의 생명이 길 것이다.

11 나는 너를 지혜의 길로 인도하고, 곧은 길로 이끌 것이다.

12 네가 걸을 때, 네 걸음이 방해받지 않고, 네가 달릴 때, 넘어지지 않을 것이다.

13 교훈을 굳게 붙들고, 놓지 마라. 교훈을 잘 지켜라. 그것이 네 생명이다.

14 악한 사람들의 길에 발도 들여 놓지 말고, 악인들의 길로 다니지 마라.

15 그 길을 피하고 그 길에 서지 마라. 그 길에서 돌이켜 지나가라.

16 저들은 죄를 짓지 않으면 자지 못하며, 남을 쓰러뜨리지 않으면 잠도 오지 않는 사람들이다.

17 저들은 부정하게 얻은 음식을 먹고, 폭력으로 얻은 술을 마신다.

judgment.

8 If you prize wisdom, she will make you great. Embrace her, and she will honor you.

9 She will place a lovely wreath on your head; she will present you with a beautiful crown."

10 My child, listen to me and do as I say, and you will have a long, good life.

11 I will teach you wisdom's ways and lead you in straight paths.

12 When you walk, you won't be held back; when you run, you won't stumble.

13 Take hold of my instructions; don't let them go. Guard them, for they are the key to life.

14 Don't do as the wicked do, and don't follow the path of evildoers.

15 Don't even think about it; don't go that way. Turn away and keep moving.

16 For evil people can't sleep until they've done their evil deed for the day. They can't rest until they've caused someone to stumble.

17 They eat the food of wickedness and drink the wine of violence!

18 The way of the righteous is like the first gleam of dawn, which shines ever brighter until the

---

prize [praiz](4:8) 존중하다, 높이 평가하다
embrace [imbréis](4:8) 붙잡다, 껴안다
wreath [ri:θ](4:9) 화관
present … with ~(4:9) …에게 ~를 주다
hold back(4:12) 저지하다, 막다
stumble [stʌmbl](4:12) 걸려 넘어지다
take hold of ~(4:13) ~을 붙잡다, 쥐다

evildoer [i'vəldu,ər](4:14) 악인
deed [di:d](4:16) 행위, 행동
cause … to ~(4:16) …가 ~하게 하다
wickedness [wíkidnis](4:17) 부정, 사악
violence [váiələns](4:17) 폭력
gleam [gli:m](4:18) 어스레한 빛
dawn [dɔ:n](4:18) 새벽, 동틀 녘

8

9

10

11

12

13

14

15

16

17

18

18 의인의 길은 동틀 때의 첫 햇살 같아서, 점점 환해져 정오의 해같이 될 것이다.

19 악인들의 길은 짙은 어둠 같아서, 무엇에 걸려 넘어졌는지도 모른다.

20 내 아들아, 내가 하는 말에 귀를 기울여라. 내 말들을 귀담아 들어라.

21 내 말을 잊지 말고 네 마음속 깊이 간직하여라.

22 내 말은 깨닫는 자에게 생명이 되고 온몸을 건강하게 해 준다.

23 무엇보다 네 마음을 지켜라. 이는 생명의 근원이 마음에서부터 흘러 나오기 때문이다.

24 더러운 말을 피하고 거짓말을 하지 마라.

25 앞만 바라보고 네 앞에 놓여져 있는 것에 시선을 두어라.

26 너의 발걸음을 곧게 하고 네 모든 길을 곧게 하여 안전하게 행하라.

27 곁길로 벗어나지 말고, 네 발을 악으로부터 멀리하여라.

간음에 대한 경고

5 내 아들아, 내 지혜에 주목하고, 내 명철에 네 귀를 기울여라.

2 그러면 네가 늘 분별력을 갖게

full light of day.

19 But the way of the wicked is like total darkness. They have no idea what they are stumbling over.

20 My child, pay attention to what I say. Listen carefully to my words.

21 Don't lose sight of them. Let them penetrate deep into your heart,

22 for they bring life to those who find them, and healing to their whole body.

23 Guard your heart above all else, for it determines the course of your life.

24 Avoid all perverse talk; stay away from corrupt speech.

25 Look straight ahead, and fix your eyes on what lies before you.

26 Mark out a straight path for your feet; stay on the safe path.

27 Don't get sidetracked; keep your feet from following evil.

Avoid Immoral Women

5 My son, pay attention to my wisdom; listen carefully to my wise counsel.

2 Then you will show discernment, and your lips will express what you've learned.

---

total [tóutl](4:19) 완전한

darkness [dá:rknis](4:19) 어둠

penetrate [pénətrèit](4:21) 스며들다, 침투하다

determine [ditə́:rmin](4:23) 결정하다

course [kɔːrs](4:23) 진행, 진로

perverse [pərvə́:rs](4:24) 괴팍한, 심술궂은

corrupt [kərʌ́pt](4:24) 타락한, 부정한

straight [streit](4:25) 똑바로, 곧장

fix [fiks](4:25) 고정하다

get sidetracked [get sai'dtræ,k](4:27) 곁길로 새다

pay attention to ∼(5:1) ∼를 주목하다

counsel [káunsəl](5:1) 권고, 조언

discernment [disə́:rnmənt](5:2) 분별력

express [iksprés](5:2) 표현하다, 나타내다

19

20

21

22

23

24

25

26

27

Avoid Immoral Women

5

2

되어 네 입은 지혜로운 말만 할 것이다.

3 간음녀의 입술은 꿀과 같이 달콤하고, 기름보다 더 매끄럽지만,

4 결국에는 독처럼 쓰고, 양쪽에 날이 선 칼같이 날카롭게 된다.

5 그녀의 두 발은 죽음을 향하고, 그녀의 걸음은 곧장 무덤으로 향한다.

6 그녀는 생명의 길에는 관심이 없고, 굽은 길을 걸으면서도 그 길이 굽었는지 깨닫지 못한다.

7 그런즉, 내 아들아, 내 말을 듣고, 내가 말하는 것에서 벗어나지 마라.

8 그런 여자를 멀리하고 그녀의 집 근처에는 얼씬거리지도 마라.

9 네 명예를 다른 사람들에게 빼앗기고, 네 목숨을 잔인한 자에게 빼앗길까 두렵다.

10 다른 사람들이 네 재산을 탕진하고, 네 수고가 다른 사람의 재산만 불어나게 할까 두렵다.

11 마지막에 네 몸이 병든 뒤, 너는 탄식할 것이다.

12 그때, 너는 말할 것이다. "어째서 내가 교훈을 싫어하고, 꾸지람을 업신여겼을까?

13 어째서 선생님의 말씀을 듣지 않고, 스승들의 말도 귀담아듣

3 For the lips of an immoral woman are as sweet as honey, and her mouth is smoother than oil.

4 But in the end she is as bitter as poison, as dangerous as a double-edged sword.

5 Her feet go down to death; her steps lead straight to the grave.

6 For she cares nothing about the path to life. She staggers down a crooked trail and doesn't realize it.

7 So now, my sons, listen to me. Never stray from what I am about to say:

8 Stay away from her! Don't go near the door of her house!

9 If you do, you will lose your honor and will lose to merciless people all you have achieved.

10 Strangers will consume your wealth, and someone else will enjoy the fruit of your labor.

11 In the end you will groan in anguish when disease consumes your body.

12 You will say, "How I hated discipline! If only I had not ignored all the warnings!

13 Oh, why didn't I listen to my teachers? Why didn't I pay attention to my instructors?

14 I have come to the brink of utter ruin, and now I

---

immoral [imɔ́ːrəl](5:3) 부도덕한
bitter [bítər](5:4) 쓴, 쓰라린
poison [pɔ́izn](5:4) 독
double-edged(5:4) 양날의
stagger [stǽgər](5:6) 비틀거리다
crooked [krúkid](5:6) 구부러진
stray from ~(5:7) ~에서 벗어나다, 멀어지다

be about to ~(5:7) 이제 막 ~하려고 하다
merciless [mɔ́ːrsilis](5:9) 무자비한
consume [kənsúːm](5:10) 다 써버리다, 소멸시키다
groan [groun](5:11) 신음하다
ignore [ignɔ́ːr](5:12) 무시하다, 간과하다
brink [briŋk](5:14) (벼랑 등의) 끝, 직전
utter [ʌ́tər](5:14) 완전한

3

4

5

6

7

8

9

10

11

12

13

14

지 않았을까?

14 모든 사람들 가운데서 나만 멸 망에 빠지게 되었구나!"

15 너는 네 우물에서 물을 마시며 네 샘에서 흐르는 물만 마셔라.

16 어찌 네 샘물이 길에 흘러넘치 게 하며 네 물이 광장에 넘치 게 하겠느냐?

17 그 물은 너 혼자 마시고, 다른 사람들과 함께 마시지 마라.

18 네 샘을 복되게 하고, 네가 젊어 서 얻은 아내를 즐거워하여라.

19 그녀는 사랑스러운 암사슴이 고, 아름다운 암노루이다. 너는 그녀의 젖가슴을 항상 만족하 게 여기고 항상 그녀의 사랑에 만족하여라.

20 내 아들아, 네가 어찌 창녀에게 매혹당하여 남의 아내를 품에 안겠느냐?

21 여호와는 사람의 모든 길을 다 보고 검사하신다.

22 악인은 자기의 악한 행실로 인 해 함정에 빠지고, 그 죄는 자 신을 붙들어 매는 밧줄이 되고 만다.

23 악인은 교훈을 받지 않는 까닭 에 죽게 되고, 자신의 큰 어리 석음 때문에 망하고 말 것이다.

어리석은 자들을 조심하여라

6 내 아들아, 만약 네가 네 이웃

must face public disgrace."

15 Drink water from your own well–share your love only with your wife.

16 Why spill the water of your springs in the streets, having sex with just anyone?

17 You should reserve it for yourselves. Never share it with strangers.

18 Let your wife be a fountain of blessing for you. Rejoice in the wife of your youth.

19 She is a loving deer, a graceful doe. Let her breasts satisfy you always. May you always be captivated by her love.

20 Why be captivated, my son, by an immoral woman, or fondle the breasts of a promiscuous woman?

21 For the LORD sees clearly what a man does, examining every path he takes.

22 An evil man is held captive by his own sins; they are ropes that catch and hold him.

23 He will die for lack of self-control; he will be lost because of his great foolishness.

Lessons for Daily Life

6 My child, if you have put up security for a friend's debt or agreed to guarantee the debt

---

well [wel](5:15) 우물
spring [spriŋ](5:16) 샘
reserve [rizə́:rv](5:17) 보유하다
fountain [fáuntən](5:18) 샘, 분수
doe [dou](5:19) 암사슴
breast [brest](5:19) 가슴
captivated [kǽptəvèit](5:19) 마음이 사로잡힌

fondle [fάndl](5:20) 애정을 보이다
promiscuous [prəmískjuəs](5:20) 난잡한
self–control [self kəntróul](5:23) 자제심
foolishness [fú:liʃnis](5:23) 어리석음
security [sikjúərəti](6:1) 보증, 담보
debt [det](6:1) 빚
guarantee [gærəntí:](6:1) 보증하다

15

16

17

18

19

20

21

22

23

Lessons for Daily Life

6

에 빚 보증을 서고, 다른 사람을 위해 증인이 되었다면,

2 너는 네 말 때문에 덫에 걸린 것이다.

3 내 아들아, 너는 네 이웃의 손아귀에 사로잡혔으니, 가서 이렇게 하여라. 겸손하게 엎드려서 네 이웃에게 간절히 부탁하여 거기서 빠져 나오도록 하여라.

4 네 눈이 잠들지 않게 하고, 네 눈꺼풀도 감기지 않게 하여라.

5 노루가 사냥꾼의 손에서 벗어나듯, 새가 그물치는 자의 손에서 벗어나듯 빠져 나와라.

6 게으른 자여, 개미가 하는 것을 잘 보고 지혜를 얻어라.

7 개미는 지도자도, 장교도, 통치자도 없지만,

8 여름에는 먹이를 준비하고, 추수 때에는 그 음식을 모은다.

9 게으른 자여, 네가 언제까지 누워 뒹굴겠느냐? 네가 언제쯤 잠에서 깨겠느냐?

10 "좀더 자자, 조금만 더 눈을 붙이자. 일손을 멈추고 조금만 더 쉬자" 하면

11 네게 가난이 강도 떼처럼, 궁핍이 군대처럼 들이닥칠 것이다.

12 불량하고 악한 사람은 남을

of a stranger–

2 if you have trapped yourself by your agreement and are caught by what you said–

3 follow my advice and save yourself, for you have placed yourself at your friend's mercy. Now swallow your pride; go and beg to have your name erased.

4 Don't put it off; do it now! Don't rest until you do.

5 Save yourself like a gazelle escaping from a hunter, like a bird fleeing from a net.

6 Take a lesson from the ants, you lazybones. Learn from their ways and become wise!

7 Though they have no prince or governor or ruler to make them work,

8 they labor hard all summer, gathering food for the winter.

9 But you, lazybones, how long will you sleep? When will you wake up?

10 A little extra sleep, a little more slumber, a little folding of the hands to rest–

11 then poverty will pounce on you like a bandit; scarcity will attack you like an armed robber.

12 What are worthless and wicked people like? They are constant liars,

---

swallow [swάlou](6:3) 억누르다, 참다
erase [iréis](6:3) 지워 없애다
gazelle [gəzél](6:5) 가젤, 산양
hunter [hʌ́ntər](6:5) 사냥꾼
ant [ǽnt](6:6) 개미
lazybones [leɪzibounz](6:6) 게으름뱅이
wake up(6:9) 깨어나다

slumber [slʌ́mbər](6:10) 잠, 잠자다
poverty [pάvərti](6:11) 가난
pounce on ~(6:11) ~에 갑자기 달려들다
bandit [bǽndit](6:11) 강도
scarcity [skéərsəti](6:11) 빈곤
an armed robber(6:11) 무장 강도
constant [kάnstənt](6:12) 끊임없는, 계속되는

2

3

4

5

6

7

8

9

10

11

12

헐뜯고 돌아다닌다.

13 그는 눈짓, 발짓, 손짓으로 남을 속인다.

14 그는 비뚤어진 마음으로 죄를 저지르고 자나깨나 싸움을 벌인다.

15 그러므로 갑자기 그에게 재앙이 임하고, 순식간에 망하고 말 것이다.

16 여호와께서 미워하시는 것, 곧 싫어하시는 것 예닐곱 가지가 있다.

17 그것은 교만한 눈, 거짓말하는 혀, 죄 없는 사람을 죽이는 손,

18 악한 일을 꾸미는 마음, 범죄하러 급히 달려가는 발,

19 거짓말하는 거짓 증인, 형제 사이를 이간질하는 사람이다.

20 내 아들아, 네 아버지의 명령을 지키고, 네 어머니의 가르침을 잊지 마라.

21 그것을 네 마음에 영원히 간직하고 네 목에 영원히 매달아라.

22 네가 걸을 때, 그것이 너를 인도하겠고, 네가 잘 때, 그것이 너를 지켜 주며, 네가 깰 때, 그것이 네게 말할 것이다.

23 이 명령은 등불이요, 이 가르침은 빛이요, 이 교훈은 생명의 길이다.

13 signaling their deceit with a wink of the eye, a nudge of the foot, or the wiggle of fingers.

14 Their perverted hearts plot evil, and they constantly stir up trouble.

15 But they will be destroyed suddenly, broken in an instant beyond all hope of healing.

16 There are six things the LORD hates—no, seven things he detests:

17 haughty eyes, a lying tongue, hands that kill the innocent,

18 a heart that plots evil, feet that race to do wrong,

19 a false witness who pours out lies, a person who sows discord in a family.

20 My son, obey your father's commands, and don't neglect your mother's instruction.

21 Keep their words always in your heart. Tie them around your neck.

22 When you walk, their counsel will lead you. When you sleep, they will protect you. When you wake up, they will advise you.

23 For their command is a lamp and their instruction a light; their corrective discipline is the way to life.

deceit [disíːt](6:13) 사기, 기만
nudge [nʌdʒ](6:13) 슬쩍 찌르기
wiggle [wígl](6:13) 움직임
perverted [pərvə́ːrtid](6:14) 비뚤어진, 왜곡된
plot evil(6:14) 악을 꾀하다
constantly [kɑ́nstəntli](6:14) 끊임없이, 항상
stir up(6:14) 일으키다

detest [ditést](6:16) 혐오하다
haughty [hɔ́ːti](6:17) 오만한
pour out(6:19) 거침없이 드러내다
discord [dískɔːrd](6:19) 불일치
neglect [niglékt](6:20) 무시하다, 경시하다
corrective [kəréktiv](6:23) 교정하는
discipline [dísəplin](6:23) 훈련, 징계

13

14

15

16

17

18

19

20

21

22

23

24 이것들이 너를 부도덕한 여인에게서, 바람난 여인의 매끄러운 혀에서 지켜 줄 것이다.

25 너는 그런 여자의 아름다움을 탐내지 말고, 그 눈길에 매혹당하지 마라.

26 왜냐하면 너는 창녀 때문에 빵 한 조각을 구걸하게 되고, 너의 목숨까지 위협당할 것이기 때문이다.

27 사람이 불을 가슴에 품고, 자기 옷을 태우지 않을 수 있겠느냐?

28 사람이 데지 않고, 타는 숯불 위를 걸을 수 있겠느냐?

29 남의 아내와 함께 잠자는 사람도 이와 같으니, 남의 여자를 건드리는 사람은 벌을 받을 것이다.

30 허기진 배를 채우기 위해 도둑질하면 용서를 받을 수는 있으나,

31 훔치다 잡히면 일곱 배를 갚아야 하고, 돈이 없으면 자기 집의 좋은 것들을 모두 주어야 할 것이다.

32 그러나 간음하는 자는 정신이 나간 사람으로, 자기 영혼을 망치는 사람이다.

33 그런 일을 하다가 잡히는 사람은 매를 맞고 수치를 당하여, 그 부끄러움이 영원히 지워지지 않을 것이다.

24 It will keep you from the immoral woman, from the smooth tongue of a promiscuous woman.

25 Don't lust for her beauty. Don't let her coy glances seduce you.

26 For a prostitute will bring you to poverty, but sleeping with another man's wife will cost you your life.

27 Can a man scoop a flame into his lap and not have his clothes catch on fire?

28 Can he walk on hot coals and not blister his feet?

29 So it is with the man who sleeps with another man's wife. He who embraces her will not go unpunished.

30 Excuses might be found for a thief who steals because he is starving.

31 But if he is caught, he must pay back seven times what he stole, even if he has to sell everything in his house.

32 But the man who commits adultery is an utter fool, for he destroys himself.

33 He will be wounded and disgraced. His shame will never be erased.

---

promiscuous [prəmískjuəs](6:24) 난잡한
lust for ~(6:25) ~을 갈망하다
coy [kɔi](6:25) 수줍어하는
glance [glæns](6:25) 눈짓
seduce [sidjú:s](6:25) 유혹하여 농락하다
prostitute [prάstətjù:t](6:26) 창녀
poverty [pάvərti](6:26) 빈곤, 가난

scoop [sku:p](6:27) 퍼내다, 그러모으다
flame [fleim](6:27) 불꽃
blister [blístər](6:28) 물집이 생기게 하다
starve [sta:rv](6:30) 굶주리다
commit adultery(6:32) 간음하다
utter [ʌtər](6:32) 완전한
disgraced [disgréist](6:33) 망신을 당한

24

25

26

27

28

29

30

31

32

33

34 그 남편이 질투심에 불타 보복할 때, 눈에 무엇이 보이겠는가?

35 아무리 많은 보상이나 온갖 선물을 준다 해도 그 분노가 풀리지 않을 것이다.

음녀의 유혹을 경계함

7 내 아들아, 내 말을 따르고, 내 명령들을 네 마음속에 깊이 간직하여라.

2 내 명령을 지키면 너는 살 것이다. 내 가르침을 네 눈동자같이 지켜라.

3 그것을 네 손가락에 매어, 네 마음판에 새겨라.

4 지혜를 너의 누이라 하고, 총명을 너의 친척이라 칭하여라.

5 그것들이 너를 창녀의 유혹에서 지켜 줄 것이다.

6 내가 우리 집 창문에서 밖을 내다보다가,

7 미련한 젊은이들 가운데서, 한 정신 나간 젊은이를 보았다.

8 그는 길모퉁이를 지나, 창녀의 집 쪽으로 걷고 있었다.

34 For the woman's jealous husband will be furious, and he will show no mercy when he takes revenge.

35 He will accept no compensation, nor be satisfied with a payoff of any size.

Another Warning about Immoral Women

7 Follow my advice, my son; always treasure my commands.

2 Obey my commands and live! Guard my instructions as you guard your own eyes.

3 Tie them on your fingers as a reminder. Write them deep within your heart.

4 Love wisdom like a sister; make insight a beloved member of your family.

5 Let them protect you from an affair with an immoral woman, from listening to the flattery of a promiscuous woman.

6 While I was at the window of my house, looking through the curtain,

7 I saw some naive young men, and one in particular who lacked common sense.

8 He was crossing the street near the house of an immoral woman, strolling down the path by her house.

---

furious [fjúəriəs](6:34) 노하여 펄펄 뛰는
take revenge (6:34) 복수하다
compensation [kὰmpənséiʃən](6:34) 배상, 보상
payoff [péiɔ̀f](6:34) 선물, 뇌물
treasure [tréʒər](7:1) 소중히 간직하다
reminder [rimáindər](7:3) 생각나게 하는 것
insight [ínsàit](7:4) 통찰, 식견

affair [əféər](7:5) 정사, 사건
flattery [flǽtəri](7:5) 아첨
promiscuous [prəmískjuəs](7:5) 성적으로 문란한, 난잡한
naive [naːíːv](7:7) 세상을 모르는, 단순한
particular (7:7) 특정한, 특이한
lack [læk](7:7) 결핍하다, 모자라다
stroll [stroul](7:8) 한가로이 거닐다

34

35

Another Warning about Immoral Women

1

2

3

4

5

6

7

8

9 날이 저무는 황혼녘에, 어둠이 찾아들 때쯤,

10 한 여인이 창녀처럼 꾸미고, 그 남자를 유혹하기 위해 그에게로 다가왔다.

11 그 여자는 집에 붙어 있지 않고 멋대로 돌아다니며,

12 때로는 거리에서, 때로는 광장에서 때로는 길모퉁이에서, 유혹할 사람을 기다린다.

13 그 여인이 그를 붙잡고 입맞추며, 부끄러움도 없이 말한다.

14 "화목제 고기가 집에 있어요. 난 서약한 제사를 드렸거든요.

15 그래서 당신을 찾으러 나왔다가 이렇게 만났답니다.

16 내 침대에는 이집트에서 만든 화려한 이불들이 깔려 있고

17 그 위에 몰약, 침향, 계피향을 뿌려 놓았어요.

18 들어가요. 아침까지 마음껏 사랑하며 즐겨요.

19 남편은 먼 여행을 떠나고 집에 없답니다.

20 지갑에 잔뜩 돈을 채워서 떠났으니 보름이나 되어야 돌아올 거예요."

9 It was at twilight, in the evening, as deep darkness fell.

10 The woman approached him, seductively dressed and sly of heart.

11 She was the brash, rebellious type, never content to stay at home.

12 She is often in the streets and markets, soliciting at every corner.

13 She threw her arms around him and kissed him, and with a brazen look she said,

14 "I've just made my peace offerings and fulfilled my vows.

15 You're the one I was looking for! I came out to find you, and here you are!

16 My bed is spread with beautiful blankets, with colored sheets of Egyptian linen.

17 I've perfumed my bed with myrrh, aloes, and cinnamon.

18 Come, let's drink our fill of love until morning. Let's enjoy each other's caresses,

19 for my husband is not home. He's away on a long trip.

20 He has taken a wallet full of money with him and won't return until later this month."

---

twilight [twailait](7:9) 황혼, 해질녘
seductively [sidʌktiv](7:10) 유혹적으로
sly [slai](7:10) 교활한
brash [bræʃ](7:11) 경솔한, 귀에 거슬리는
rebellious [ribéljəs](7:11) 반항적인
solicit [səlísit](7:12) 간청하다, 유혹하다
brazen [bréizn](7:13) 뻔뻔스러운

a look(7:13) 눈빛, 얼굴 표정
fulfill [fulfíl](7:14) 이행하다, 지키다
vow [vau](7:14) 서원, 서약
be spread with ~(7:16) ~로 덮여 있다
blanket [blǽŋkit](7:16) 이불, 담요
myrrh [məːr](7:17) 몰약
drink one's fill(7:18) 잔뜩 마시다

9

10

11

12

13

14

15

16

17

18

19

20

21 그녀는 달콤한 말로 이 젊은이를 유혹하여 그를 넘어가게 했다.

22 그 젊은이가 그녀를 선뜻 따라가니, 도살장으로 끌려가는 황소와 같고, 졸지에 올무에 걸려든 수사슴 같구나.

23 결국 화살이 그 심장에 꽂힐 것이다. 그것은 그물을 향해 날아드는 새가 자기 생명의 위험을 알지 못하는 것과 같구나.

24 아들들아, 이제 내 말을 듣고 내 입의 가르침에 귀를 기울여라.

25 너희 마음을 창녀의 길로 향하게 하지 말고 그녀가 있는 길에서 서성이지 마라.

26 그 여자는 많은 사람을 희생시켰고, 그녀가 죽인 자는 셀 수도 없다.

27 그녀의 집은 무덤에 내려가는 길이며, 사망의 방으로 이르게 한다.

지혜에 귀 기울이라

8 지혜가 부르지 않느냐? 명철이 소리치지 않느냐?

2 길가 높은 곳에서, 사거리에서 지혜가 서서 외치지 않느냐?

3 성문들 곁에서, 여러 출입문 밖에서 지혜가 소리친다.

4 "사람들아, 내 말을 들어라. 인생들아, 내 목소리를 들어라.

21 So she seduced him with her pretty speech and enticed him with her flattery.

22 He followed her at once, like an ox going to the slaughter. He was like a stag caught in a trap,

23 awaiting the arrow that would pierce its heart. He was like a bird flying into a snare, little knowing it would cost him his life.

24 So listen to me, my sons, and pay attention to my words.

25 Don't let your hearts stray away toward her. Don't wander down her wayward path.

26 For she has been the ruin of many; many men have been her victims.

27 Her house is the road to the grave. Her bedroom is the den of death.

Wisdom Calls for a Hearing

8 Listen as Wisdom calls out! Hear as understanding raises her voice!

2 On the hilltop along the road, she takes her stand at the crossroads.

3 By the gates at the entrance to the town, on the road leading in, she cries aloud,

4 "I call to you, to all of you! I raise my voice to all people.

---

seduce [sidjúːs](7:21) 유혹하다
entice [intáis](7:21) 꾀다
flattery [flǽtəri](7:21) 아첨
slaughter [slɔ́ːtər](7:22) 도살, 살육
stag [stæg](7:22) 수사슴
pierce [piərs](7:23) 찌르다
snare [snɛər](7:23) 덫

stray [strei](7:25) 헤매다, 길을 잃다
wayward [wéiwərd](7:25) 변덕스러운
victim [víktim](7:26) 희생자
raise one's voice(8:1) 소리를 높이다
hilltop [híltὰp](8:2) 언덕의 꼭대기
take one's stand(8:2) 서다
entrance [éntrəns](8:3) 입구

21

22

23

24

25

26

27

Wisdom Calls for a Hearing

8

2

3

4

5 어리석은 자들아, 명철을 얻어라. 미련한 자들아, 지식을 깨달아라.

6 너희는 내 말에 귀를 기울여라. 내가 말해 줄 값진 것이 있다. 내가 하는 모든 말이 옳은 것이다.

7 내 입은 진실을 말하고, 나는 악을 미워한다.

8 내가 하는 말은 모두 의로우며 그 가운데 잘못되거나 왜곡된 것이 없다.

9 나의 말은 분별력이 있는 사람에게 쉬우며 지식을 배우려고 하는 자들에게는 명확하다.

10 은 대신에 내 교훈을, 금 대신에 지식을 택하여라.

11 지혜는 보석보다 값지니, 네가 탐내는 그 어떤 것도 지혜와 비길 수 없다.

12 나 지혜는 명철과 함께 살며, 지식과 분별력도 갖고 있다.

13 여호와를 경외하는 것은 악을 미워하는 것이다. 나는 교만과 거만, 악한 행실과 거짓된 말을 미워한다.

14 내게는 모략과 바른 판단이 있으며, 명철과 능력도 있다.

15 왕들이 나를 통해 나라를 다스리며, 통치자들이 나를 통해 바른 법령을 제정한다.

5 You simple people, use good judgment. You foolish people, show some understanding.

6 Listen to me! For I have important things to tell you. Everything I say is right,

7 for I speak the truth and detest every kind of deception.

8 My advice is wholesome. There is nothing devious or crooked in it.

9 My words are plain to anyone with understanding, clear to those with knowledge.

10 Choose my instruction rather than silver, and knowledge rather than pure gold.

11 For wisdom is far more valuable than rubies. Nothing you desire can compare with it.

12 "I, Wisdom, live together with good judgment. I know where to discover knowledge and discernment.

13 All who fear the LORD will hate evil. Therefore, I hate pride and arrogance, corruption and perverse speech.

14 Common sense and success belong to me. Insight and strength are mine.

15 Because of me, kings reign, and rulers make just decrees.

---

detest [ditést](8:7) 혐오하다
deception [disépʃən](8:7) 속임
wholesome [hóulsəm](8:8) 건전한
devious [díːviəs](8:8) 사악한, 비뚤어진
crooked [krúkid](8:8) 구부러진, 굴곡된
plain [plein](8:9) 분명한, 알기 쉬운
… rather than ～(8:10) ～ 보다는 오히려 …

valuable [væljuəbl](8:11) 값진, 귀중한
compare with ～(8:11) ～와 비교하다
arrogance [ǽrəgəns](8:13) 거만
corruption [kərʌ́pʃən](8:13) 타락, 퇴폐
perverse [pərvə́ːrs](8:13) 사악한
reign [rein](8:15) 통치하다
decree [dikríː](8:15) 법령

5

6

7

8

9

10

11

12

13

14

15

16 나를 통해 고관들, 즉 지도자들이 세상을 다스린다.

17 나는 나를 사랑하는 자들을 사랑하며, 나를 찾는 자들이 나를 발견할 것이다.

18 부귀와 영예, 수많은 재물과 형통함도 내게 있다.

19 내 열매는 정금보다 나으며, 나의 유익은 순은보다 더 크다.

20 나는 의로운 길과 공의의 길을 걸으며,

21 나를 사랑하는 자들에게 엄청난 재물을 주어 그들의 금고를 가득 채워 준다.

22 여호와께서 모든 것을 창조하시기에 앞서 태초에 나를 가지고 계셨다.

23 영원 전, 맨 처음에, 세상이 시작되기 전에 나는 세워졌다.

24 아직 대양들이 있기 전, 샘들이 있기 전, 내가 태어났다.

25 산들이 제자리에 세워지기 전, 언덕들이 만들어지기 전, 내가 생겨났으니,

26 하나님이 세상과 들판을 만드시기 전, 세상의 먼지를 만드시기 전이다.

27 그분이 하늘을 제자리에 두실 때, 깊은 바다 둘레에 테를 두르실 때, 내가 그곳에 있었다.

28 그분이 구름을 위에 두시고, 바다

16 Rulers lead with my help, and nobles make righteous judgments.

17 "I love all who love me. Those who search will surely find me.

18 I have riches and honor, as well as enduring wealth and justice.

19 My gifts are better than gold, even the purest gold, my wages better than sterling silver!

20 I walk in righteousness, in paths of justice.

21 Those who love me inherit wealth. I will fill their treasuries.

22 "The LORD formed me from the beginning, before he created anything else.

23 I was appointed in ages past, at the very first, before the earth began.

24 I was born before the oceans were created, before the springs bubbled forth their waters.

25 Before the mountains were formed, before the hills, I was born–

26 before he had made the earth and fields and the first handfuls of soil.

27 I was there when he established the heavens, when he drew the horizon on the oceans.

28 I was there when he set the clouds above, when

---

noble[nóubl](8:16) 귀족, 고관

enduring[indjúəriŋ](8:18) 지속되는

wage[weidʒ](8:19) 임금, 소득

sterling[stə́:rliŋ](1:2) 훈계

inherit[inhérit](8:21) 상속하다, 물려받다

treasury[tréʒəri](8:21) 금고, 보고

form[fɔ:rm](8:22) 형성하다, 만들어내다

in ages past(8:23) 만세 전에

at the very first(8:23) 맨 먼저

bubble[bʌbl](8:24) (샘이) 보글 보글 솟다

forth[fɔ:rθ](8:24) 밖으로, 앞으로

handful[hǽndfùl](8:26) 한 움큼

establish[istaébliʃ](8:27) 자리잡게 하다

horizon[həráizn](8:27) 수평선

16

17

18

19

20

21

22

23

24

25

26

27

28

의 샘을 확실히 정하실 때,

29 그분이 바다의 한계를 명하셔서 물이 그 경계를 넘지 못하게 하실 때, 그분이 세상의 토대를 세우실 때,

30 나는 그분 곁에서 건축사가 되어 매일 기쁨으로 충만하였고, 항상 그분 앞에서 춤추며,

31 그분이 만드신 온 땅에서 춤추며, 사람들에게서 기쁨을 얻었다.

32 이제 아들들아, 내 말을 들어라. 내 길을 지키는 자들은 복이 있다.

33 교훈을 듣고 지혜를 얻어라. 그것을 소홀히 하지 마라.

34 내 말을 순종하는 자는 행복하다. 날마다 문간에서 기다리며, 내 문에서 기다리는 자는 복이 있다.

35 나를 찾는 자는 생명을 얻고, 여호와께 은총을 받을 것이다.

36 그러나 나를 찾지 못하는 자는 자신을 해치는 자이고, 나를 미워하는 자는 사망을 사랑하는 자이다."

어리석은 자와 지혜로운 자

9 지혜가 일곱 기둥을 깎아서, 자기 집을 건축하였다.

2 지혜가 짐승을 잡고, 혼합한 포도주로 상을 차리고,

he established springs deep in the earth.

29 I was there when he set the limits of the seas, so they would not spread beyond their boundaries. And when he marked off the earth's foundations,

30 I was the architect at his side. I was his constant delight, rejoicing always in his presence.

31 And how happy I was with the world he created; how I rejoiced with the human family!

32 "And so, my children, listen to me, for all who follow my ways are joyful.

33 Listen to my instruction and be wise. Don't ignore it.

34 Joyful are those who listen to me, watching for me daily at my gates, waiting for me outside my home!

35 For whoever finds me finds life and receives favor from the LORD.

36 But those who miss me injure themselves. All who hate me love death."

9 Wisdom has built her house; she has carved its seven columns.

2 She has prepared a great banquet, mixed the wines, and set the table.

---

set the limits of ~ (8:29) ~의 한계를 정하다
spread beyond one's boundary(8:29) ~의 경계를 넘어가다
mark off(8:29) 구획하다, 구별하다
foundation[faundéiʃən](8:29) 토대, 재단
architect[ɑ́:rkətèkt](8:30) 건축가, 창조자
in one's presence(8:30) ~의 면전에서
instruction[instrʌ́kʃən](8:33) 교훈, 가르침

ignore[ignɔ́:r](8:33) 무시하다
whoever[hu:évər](8:35) 누구나
favor[féivər](8:35) 호의, 은혜
injure[índʒər](8:36) 해치다, 상처 입히다
carve[ka:rv](9:1) 새기다, 조각하다
column[kɑ́ləm](9:1) 기둥
banquet[bǽŋkwit](9:2) 연회, 진수성찬

29

30

31

32

33

34

35

36

9

2

3 자기 여종을 보내어, 마을 높은 곳에서 소리쳐 사람들을 초대하게 하였다.

4 "어리석은 자는 누구나 이리로 오시오." 지혜 없는 사람들에게 지혜가 말했다.

5 "와서, 준비한 음식을 먹고 포도주를 마셔요.

6 어리석음을 버리고 거기에서 멀리 떠나세요. 그러면 살 것입니다. 명철의 길을 걸으세요."

7 비웃는 자를 꾸짖는 사람은 오히려 모욕을 받게 될 것이고, 악한 사람을 책망하는 사람은 해를 입을 것이다.

8 비웃는 자를 꾸짖지 마라. 오히려 미움만 산다. 지혜로운 사람을 꾸짖어라. 그는 네 꾸지람을 고맙게 생각할 것이다.

9 지혜로운 사람을 훈계하여라. 그는 더 지혜롭게 될 것이다. 의로운 사람을 가르쳐라. 그는 더 많이 배울 것이다.

10 여호와를 경외함이 지혜의 근본이요, 거룩한 분을 아는 것이 명철의 시작이다.

11 나 지혜를 통해서 네가 오래 살고, 네 생명이 길어질 것이다.

12 네가 만일 지혜롭다면, 지혜가 네게 유익하지만, 만약 네가 거만하다면, 너만 손해를 볼 것이다.

3 She has sent her servants to invite everyone to come. She calls out from the heights overlooking the city.

4 "Come in with me," she urges the simple. To those who lack good judgment, she says,

5 "Come, eat my food, and drink the wine I have mixed.

6 Leave your simple ways behind, and begin to live; learn to use good judgment."

7 Anyone who rebukes a mocker will get an insult in return. Anyone who corrects the wicked will get hurt.

8 So don't bother correcting mockers; they will only hate you. But correct the wise, and they will love you.

9 Instruct the wise, and they will be even wiser. Teach the righteous, and they will learn even more.

10 Fear of the LORD is the foundation of wisdom. Knowledge of the Holy One results in good judgment.

11 Wisdom will multiply your days and add years to your life.

12 If you become wise, you will be the one to

---

overlook [ou'vərlu̩k](9:3) 내려다보다
urge [əːrdʒ](9:4) 설득하다, 재촉하다
rebuke [ribjúːk](9:7) 비난하다, 꾸짖다
mocker [mákər](9:7) 조롱자
insult [insʌlt](9:7) 모욕
in return(9:7) 회답으로, 그 대신에
correct [kərékt](9:7) 징계하다

get hurt(9:7) 해를 입다
bother [bάðər](9:8) (부정문에서) ~하도록 애쓰다
result in ~(9:10) 결과적으로 ~이 되다
multiply [mʌltəplài](9:11) 증가시키다
benefit [bénəfit](9:12) 이익을 얻다
scorn [skɔːrn](9:12) 경멸하다
suffer [sʌfər](9:12) 고통을 당하다

3

4

5

6

7

8

9

10

11

12

13 미련한 여인은 시끄럽고, 제멋대로 하면서 부끄러움을 깨닫지 못한다.

14 그 여인은 집의 대문이나 마을 높은 곳에 앉아서,

15 자기 길을 똑바로 지나가는 사람들을 불러,

16 "어리석은 자는 누구나 이리로 오세요"라고 말한다. 또 지혜 없는 사람들에게 이렇게 말한다.

17 "훔친 물이 더 달고, 몰래 먹는 음식이 더 맛있어요!"

18 그러나 어리석은 자들은 그녀의 손님들이 무덤 깊이 있다는 것을 알지 못한다.

솔로몬의 잠언

10 솔로몬의 잠언입니다. 지혜로운 아들은 자기 아버지를 기쁘게 하지만, 어리석은 아들은 자기 어머니의 근심이다.

2 부정하게 얻은 소득은 무가치하지만, 의롭게 살면 생명을 구한다.

3 여호와께서 의로운 사람은 굶주리지 않게 하시지만, 악인의 탐욕은 물리치신다.

4 게으른 손은 가난하게 만들고, 부지런한 손은 부유하게 만든다.

---

benefit. If you scorn wisdom, you will be the one to suffer.

Folly Calls for a Hearing

13 The woman named Folly is brash. She is ignorant and doesn't know it.

14 She sits in her doorway on the heights overlooking the city.

15 She calls out to men going by who are minding their own business.

16 "Come in with me," she urges the simple. To those who lack good judgment, she says,

17 "Stolen water is refreshing; food eaten in secret tastes the best!"

18 But little do they know that the dead are there. Her guests are in the depths of the grave.

The Proverbs of Solomon

10 The proverbs of Solomon: A wise child brings joy to a father; a foolish child brings grief to a mother.

2 Tainted wealth has no lasting value, but right living can save your life.

3 The Lord will not let the godly go hungry, but he refuses to satisfy the craving of the wicked.

4 Lazy people are soon poor; hard workers get

---

folly [fáli](9:13) 어리석음
brash [bræʃ](9:13) 경솔한, 귀에 거슬리는
ignorant [ígnərənt](9:13) 무지한
call out(9:15) 소리치다
mind one's own business(9:15) ~의 일에만 신경을 쓰다
refreshing [rifréʃiŋ](9:17) 상쾌한
depth [depθ](9:18) 깊은 곳, 깊이

bring … to ~(10:1) …을 ~에게 가져오다
grief [gri:f](10:1) 큰 슬픔, 근심
tainted [téintid](10:2) 더럽혀진, 부패한
lasting value(10:2) 지속적인 가치
godly [gádli](10:3) 경건한
craving [kréiviŋ](10:3) 욕망, 탐욕
lazy [léizi](10:4) 게으른

Folly Calls for a Hearing

13

14

15

16

17

18

The Proverbs of Solomon

10

2

3

4

5 여름에 일하는 사람은 지혜롭지만, 추수 때에 잠자는 사람은 부끄러움을 당한다.

6 의인의 머리에는 복이 임하지만, 악인의 입에는 난폭한 말이 숨어 있다.

7 의인을 기억하는 것은 복된 일이지만, 악한 사람의 이름은 곧 기억에서 사라진다.

8 마음이 지혜로운 자는 명령에 순종하지만, 미련한 수다쟁이는 망할 뿐이다.

9 똑바로 걷는 자는 안전하게 걷지만, 굽은 길을 걷는 자는 악행이 모두 드러난다.

10 눈짓하는 사람은 문제를 만들고, 미련한 수다쟁이는 망할 것이다.

11 의인의 입은 생명샘이지만, 악인의 입에는 난폭한 말이 숨어 있다.

12 마음은 다툼을 일으키나, 사랑은 모든 허물을 덮는다.

13 명철한 사람의 입술에는 지혜가 있지만, 지혜 없는 자의 등은 채찍으로 때려야 한다.

14 지혜로운 사람은 지식을 담고 있지만, 미련한 자의 입은 파멸을 가져온다.

15 부자의 재물은 그에게 안전한 성과 같지만, 가난한 자의 빈궁은 그에게 파멸을 가져다 준다.

rich.

5 A wise youth harvests in the summer, but one who sleeps during harvest is a disgrace.

6 The godly are showered with blessings; the words of the wicked conceal violent intentions.

7 We have happy memories of the godly, but the name of a wicked person rots away.

8 The wise are glad to be instructed, but babbling fools fall flat on their faces.

9 People with integrity walk safely, but those who follow crooked paths will be exposed.

10 People who wink at wrong cause trouble, but a bold reproof promotes peace.

11 The words of the godly are a life-giving fountain; the words of the wicked conceal violent intentions.

12 Hatred stirs up quarrels, but love makes up for all offenses.

13 Wise words come from the lips of people with understanding, but those lacking sense will be beaten with a rod.

14 Wise people treasure knowledge, but the babbling of a fool invites disaster.

---

conceal [kənsíːl](10:6) 감추다, 숨기다

intention [inténʃən](10:6) 의도

rot away(10:7) 부패하다, 썩어 문드러지다

babbling [baébliŋ](10:8) 재잘거리는

fall flat on one's face(10:8) 앞으로 넘어지다, 완전히 실패하다

integrity [intégrəti](10:9) 성실, 정직

crooked [krúkid](10:9) 구부러진

bold [bould](10:10) 대담한, 용감한

reproof [riprúːf](10:10) 책망

promote [prəmóut](10:10) 조장하다, 촉진하다

hatred [héitrid](10:12) 증오

stir up(10:12) 부추기다, 일으키다

quarrel [kwɔ́ːrəl](10:12) 다툼

offense[əféns](10:12) 범죄, 위반

5

6

7

8

9

10

11

12

13

14

16 의인의 품삯은 생명이지만, 악인은 죄값만 받게 될 것이다.

17 책망을 듣는 자는 생명길로 가지만, 책망을 무시하는 자는 길을 잃고 방황한다.

18 미움을 감추는 자는 거짓 입술을 가진 사람이요, 남을 헐뜯는 자는 바보이다.

19 말이 많으면 죄가 생기지만, 자기 혀를 잘 조절하는 자는 지혜롭다.

20 의인의 혀는 최고의 은이지만, 악인의 마음은 무가치하다.

21 의인의 입술은 많은 사람을 가르치지만, 미련한 자는 지식이 없어 죽고 만다.

22 여호와의 복으로 부자가 되면 그 재물에는 근심이 따르지 않는다.

23 미련한 자는 악한 행동에서 쾌락을 찾지만, 슬기로운 자는 지혜에서 즐거움을 얻는다.

24 악인은 두려워하는 것을 당하게 되고, 의인은 그 바라는 것을 얻게 된다.

25 폭풍이 지나갈 때, 악인은 같이 휩쓸려 사라지나, 의인은 영원히 견고하다.

15 The wealth of the rich is their fortress; the poverty of the poor is their destruction.

16 The earnings of the godly enhance their lives, but evil people squander their money on sin.

17 People who accept discipline are on the pathway to life, but those who ignore correction will go astray.

18 Hiding hatred makes you a liar; slandering others makes you a fool.

19 Too much talk leads to sin. Be sensible and keep your mouth shut.

20 The words of the godly are like sterling silver; the heart of a fool is worthless.

21 The words of the godly encourage many, but fools are destroyed by their lack of common sense.

22 The blessing of the LORD makes a person rich, and he adds no sorrow with it.

23 Doing wrong is fun for a fool, but living wisely brings pleasure to the sensible.

24 The fears of the wicked will be fulfilled; the hopes of the godly will be granted.

25 When the storms of life come, the wicked are whirled away, but the godly have a lasting foundation.

---

enhance [inhaéns](10:16) 높이다
squander [skwándər](10:16) 낭비하다
discipline [dísəplin](10:17) 훈계, 징계
correction [kərékʃən](10:17) 징계
go astray(10:17) 길을 잃다, 타락하다
slander [slaéndər](10:18) 중상하다
sensible [sénsəbl](10:19) 현명한, 분별 있는

shut [ʃʌt](10:19) 다물다, 닫다
sterling [stə́:rliŋ](10:20) 순수한
worthless [wə́:rθlis](10:20) 무익한, 쓸모없는
encourage [inkə́:ridʒ](10:21) 격려하다, 용기를 주다
sorrow [sárou](10:22) 슬픔
the wicked(10:24) 악인
whir [hwə:rl](10:25) 빙빙 돌려 던지다

15

16

17

18

19

20

21

22

23

24

25

26 게으른 종은 그 주인에게 고통이 된다. 그들은 눈에 매운 연기 같고, 상한 이빨에 신 포도주 같다.

27 여호와를 경외하면 오래 살지만, 악인은 오래 살지 못한다.

28 의인의 소망은 이루어져 즐거움을 주나, 악인의 소망은 끊어진다.

29 여호와의 가르침은 의인의 피난처가 되지만, 악을 행하는 사람에게는 파멸의 원인이 된다.

30 의인은 결코 뿌리가 뽑히지 않으나, 악인은 땅에서 오래 살지 못한다.

31 의인의 입은 지혜를 말하지만, 사악한 혀는 잘릴 것이다.

32 의인의 입술은 적절한 말을 하지만, 악인의 입은 사악한 것만 말한다.

11 여호와께서는 속이는 저울은 미워하시나, 정확한 저울추는 기뻐하신다.

2 교만한 자는 수치를 당하나, 겸손한 자는 지혜롭다.

3 정직한 사람은 성실하여 형통하나, 사기꾼은 자기 꾀로 말미암아 스스로 망한다.

4 재물이 많아도 하나님이 노하시면 아무 쓸모가 없지만, 의로운 삶은 죽을 자리에서도 목숨을 건

26 Lazy people irritate their employers, like vinegar to the teeth or smoke in the eyes.

27 Fear of the LORD lengthens one's life, but the years of the wicked are cut short.

28 The hopes of the godly result in happiness, but the expectations of the wicked come to nothing.

29 The way of the LORD is a stronghold to those with integrity, but it destroys the wicked.

30 The godly will never be disturbed, but the wicked will be removed from the land.

31 The mouth of the godly person gives wise advice, but the tongue that deceives will be cut off.

32 The lips of the godly speak helpful words, but the mouth of the wicked speaks perverse words.

11 The LORD detests the use of dishonest scales, but he delights in accurate weights.

2 Pride leads to disgrace, but with humility comes wisdom.

3 Honesty guides good people; dishonesty destroys treacherous people.

4 Riches won't help on the day of judgment, but

irritate [írətèit](10:26) 화나게 하다
vinegar [vínəgər](10:26) 식초
lengthen [léŋkθən](10:27) 늘이다
cut short(10:27) 단축되다
come to nothing(10:28) 수포로 돌아가다
stronghold [strɔ́ŋhouˌld](10:29) 요새, 성
be disturbed(10:30) 요동하다

deceive [disíːv](10:31) 속이다
be cut off(10:31) 베이다, 잘리다
perverse [pərvə́ːrs](10:32) 사악한
detest [ditést](11:1) 혐오하다
scale [skeil](11:1) 저울
accurate [ǽkjurət](11:1) 정확한
treacherous [trétʃərəs](11:3) 배반하는

26

27

28

29

30

31

32

11

2

3

4

진다.

5 흠 없는 사람의 의로운 삶은 그의 앞길을 환하게 만들지만, 악인은 자기 악행으로 망하고 만다.

6 정직한 사람의 의로운 행실은 그를 구원하지만, 사기꾼은 자기의 악한 생각에 스스로 걸려 넘어진다.

7 악인은 죽을 때에 그의 소망도 함께 사라지고, 하나님을 저버린 자가 거는 모든 기대는 허무하다.

8 의인은 재난에서 구원받고, 오히려 그 재난은 악인에게 돌아간다.

9 하나님을 저버린 자는 그 입으로 자기 이웃을 해치지만, 의인은 지혜롭게 피한다.

10 의인이 잘 되면 마을이 기뻐하고, 악인이 망하면 사람들이 즐거워 소리친다.

11 정직한 자의 축복을 통해 마을 전체가 자랑스럽게 되지만, 악인의 입은 그 마을을 망하게 한다.

12 지혜 없는 사람은 자기 이웃을 비웃지만, 슬기로운 자는 자기 혀에 재갈을 물린다.

13 할 일 없이 남을 헐뜯는 사람은 남의 비밀을 드러내지만, 진실한 사람은 비밀을 지킨다.

14 지혜로운 지도자가 없으면 나라가 망하여도, 조언자들이 많으면 그 나라가 평화롭다.

right living can save you from death.

5 The godly are directed by honesty; the wicked fall beneath their load of sin.

6 The godliness of good people rescues them; the ambition of treacherous people traps them.

7 When the wicked die, their hopes die with them, for they rely on their own feeble strength.

8 The godly are rescued from trouble, and it falls on the wicked instead.

9 With their words, the godless destroy their friends, but knowledge will rescue the righteous.

10 The whole city celebrates when the godly succeed; they shout for joy when the wicked die.

11 Upright citizens are good for a city and make it prosper, but the talk of the wicked tears it apart.

12 It is foolish to belittle one's neighbor; a sensible person keeps quiet.

13 A gossip goes around telling secrets, but those who are trustworthy can keep a confidence.

14 Without wise leadership, a nation falls; there is

---

godliness [gάdlinis](11:6) 경건
ambition [æmbíʃən](11:6) 야심
rely on(11:7) 신뢰하다, 의지하다
feeble [fí:bl](11:7) 연약한
rescue [réskju:](11:8) 구조하다, 구하다
shout for joy(11:10) 환호하다
upright [ʌpràit](11:11) 정직한

prosper [prάspər](11:11) 번영하다
tear ~ apart(11:11) ~을 허물다, 분열시키다
belittle [bilítl](11:12) 멸시하다, 얕보다
sensible [sénsəbl](11:12) 현명한, 분별 있는
gossip [gάsəp](11:13) 험담, 한담
trustworthy [trə'stwər,ði](11:13) 신뢰할 수 있는
keep a confidence(11:13) 비밀을 지키다

5

6

7

8

9

10

11

12

13

14

15 남을 위해 보증서는 사람은 손해를 보지만, 그것을 거절하는 사람은 안전하다.

16 덕이 있는 여인은 존경을 받고, 무자비한 남자들은 재물을 얻는다.

17 남에게 인자하게 대하면 자기도 잘 되지만, 잔인한 사람은 재앙을 불러들인다.

18 악인이 얻는 소득은 허무하나, 의를 행하는 사람은 확실한 보상을 받는다.

19 늘 의롭게 살면 생명을 얻지만, 악을 행하는 사람은 죽고 만다.

20 여호와께서는 마음이 비뚤어진 사람을 미워하시나, 바른 길을 행하는 사람을 보면 기뻐하신다.

21 악인은 반드시 처벌을 받지만, 의로운 사람은 구원을 받을 것이다.

22 외모가 아름다운 여인이 제멋대로 행동하는 것은 돼지코의 금고리와 같다.

23 의인의 소원은 성취되지만, 악인의 소망은 하나님의 진노만 가져온다.

24 후하게 베푸는 사람은 더 많이 얻지만, 인색하게 구는 사람은 가난해질 뿐이다.

25 후한 사람은 잘 되고, 남을 기분 좋게 하는 자는 자기의 기분도 좋아진다.

26 어려움이 있을 때에 곡식을 혼자

safety in having many advisers.

15 There's danger in putting up security for a stranger's debt; it's safer not to guarantee another person's debt.

16 A gracious woman gains respect, but ruthless men gain only wealth.

17 Your kindness will reward you, but your cruelty will destroy you.

18 Evil people get rich for the moment, but the reward of the godly will last.

19 Godly people find life; evil people find death.

20 The LORD detests people with crooked hearts, but he delights in those with integrity.

21 Evil people will surely be punished, but the children of the godly will go free.

22 A beautiful woman who lacks discretion is like a gold ring in a pig's snout.

23 The godly can look forward to a reward, while the wicked can expect only judgment.

24 Give freely and become more wealthy; be stingy and lose everything.

25 The generous will prosper; those who refresh others will themselves be refreshed.

26 People curse those who hoard their grain, but

---

put up … for ~(11:15) ~를 위해 …를 제공하다
security [sikjúərəti](11:15) 보증, 담보
gracious [gréiʃəs](11:16) 상냥한, 인자한
ruthless [rú:θlis](11:16) 무자비한, 무정한
cruelty [krú:əlti](11:17) 잔혹, 무자비
crooked [krúkid](11:20) 굽은, 비뚤어진
integrity [intégrəti](11:20) 성실, 정직

discretion [diskréʃən](11:22) 분별, 신중
snout [snaut](11:22) (돼지 등의) 코
look forward to ~(11:23) ~를 기대하다
stingy [stíndʒi](11:24) 인색한, 너무 아끼는
generous [dʒénərəs](11:25) 아끼지 않는, 후한
curse [kə:rs](11:26) 저주하다
hoard [hɔ:rd](11:26) (몰래) 축적하다, 사재기하다

15

16

17

18

19

20

21

22

23

24

25

26

차지하는 자는 사람들의 저주를 받지만, 기꺼이 나누는 사람은 축복을 받는다.

27 선을 간절히 구하는 사람은 은총을 입지만, 악을 찾는 자에게는 재앙이 임한다.

28 자기 재물을 의지하는 사람은 넘어지나, 의인은 푸른 잎사귀처럼 번성할 것이다.

29 자기 가족을 괴롭히는 자는 바람을 상속받고, 바보는 지혜로운 사람의 종이 되고 말 것이다.

30 의인의 열매는 생명나무이며, 지혜로운 자는 사람을 얻는다.

31 의인들도 세상에서 죄값을 받는데, 하나님을 저버린 죄인들이야 무엇을 더 말하겠는가!

12 징계를 달게 받는 사람은 슬기롭지만, 책망을 싫어하는 자는 어리석다.

2 선한 사람은 여호와께 은총을 얻지만, 악을 행하는 사람은 여호와께서 심판하신다.

3 죄를 짓는 사람은 견고하지 못하나, 의인의 뿌리는 결코 뽑히지 않는다.

4 덕이 있는 아내는 그 남편에게 영광스런 면류관과 같으나, 부덕한 여인은 남편의 뼈를 썩게 하는 것과 같다.

5 의인의 생각은 의롭지만, 악인은 남을 해칠 생각만 한다.

---

they bless the one who sells in time of need.

27 If you search for good, you will find favor; but if you search for evil, it will find you!

28 Trust in your money and down you go! But the godly flourish like leaves in spring.

29 Those who bring trouble on their families inherit the wind. The fool will be a servant to the wise.

30 The seeds of good deeds become a tree of life; a wise person wins friends.

31 If the righteous are rewarded here on earth, what will happen to wicked sinners?

12 To learn, you must love discipline; it is stupid to hate correction.

2 The LORD approves of those who are good, but he condemns those who plan wickedness.

3 Wickedness never brings stability, but the godly have deep roots.

4 A worthy wife is a crown for her husband, but a disgraceful woman is like cancer in his bones.

5 The plans of the godly are just; the advice of the wicked is treacherous.

---

find favor(11:27) 호의를 얻다
flourish [flə́:riʃ](11:28) 번성하다
inherit [inhérit](11:29) 상속하다, 물려받다
servant [sə́:rvənt](11:29) 종, 하인
righteous [ráitʃəs](11:31) 바른, 정직한
reward [riwɔ́:rd](11:31) 대가, 응보, 벌
discipline [dísəplin](12:1) 훈계

correction [kərékʃən](12:1) 징계
approve [əprú:v](12:2) 인정하다
condemn [kəndém](12:2) 정죄하다
wickedness [wíkidnis](12:2) 악
stability [stəbíləti](12:3) 안정, 확고함
disgraceful [disgréisfəl](12:4) 수치스러운, 불명예의
treacherous [trétʃərəs](12:5) 믿을 수 없는

27

28

29

30

31

12

2

3

4

5

6 악인은 숨어서 사람을 죽이려고 하지만, 의인은 사람을 살리려고 한다.

7 악인은 넘어지면 다시 일어서지 못하지만, 의인의 집은 흔들림이 없다.

8 사람은 그 지혜대로 칭찬을 받겠지만, 마음이 비뚤어진 사람은 멸시를 받는다.

9 부자이면서 아무것도 없는 듯 행동하는 것이 가난뱅이가 무엇인가 가진 듯 행동하는 것보다 낫다.

10 의인은 자기 짐승의 생명까지도 중하게 여기지만, 악인은 고작 생각한다는 것이 사람을 잔인하게 괴롭히는 일뿐이다.

11 자기 토지를 경작하는 사람은 먹을 양식이 넉넉하겠지만, 허영을 좇는 자는 정신이 없는 자이다.

12 악인은 부정한 이익을 탐하여도, 의인은 형통한다.

13 악인은 자기의 더러운 말 때문에 올무에 걸리지만, 의인은 재앙을 피한다.

14 입술을 잘 열면 좋은 것으로 배부르고, 반드시 자기 손이 행하는 대로 보상을 받는다.

15 미련한 자는 자기 행동이 바르다고 여기지만, 지혜로운 자는 남의 조언을 귀담아듣는다.

16 미련한 자는 참지 못하고 발칵 성을 내지만, 슬기로운 사람은 수치를 당해도 참는다.

6 The words of the wicked are like a murderous ambush, but the words of the godly save lives.

7 The wicked die and disappear, but the family of the godly stands firm.

8 A sensible person wins admiration, but a warped mind is despised.

9 Better to be an ordinary person with a servant than to be self-important but have no food.

10 The godly care for their animals, but the wicked are always cruel.

11 A hard worker has plenty of food, but a person who chases fantasies has no sense.

12 Thieves are jealous of each other's loot, but the godly are well rooted and bear their own fruit.

13 The wicked are trapped by their own words, but the godly escape such trouble.

14 Wise words bring many benefits, and hard work brings rewards.

15 Fools think their own way is right, but the wise listen to others.

16 A fool is quick-tempered, but a wise person

---

murderous [mə́:rdərəs](12:6) 살인의
ambush [aémbuʃ](12:6) 매복
admiration [æ̀dməréiʃən](12:8) 칭찬
warped [wɔːrpt](12:8) 휜, 비뚤어진
despise [dispáiz](12:8) 멸시하다
be self-important(12:9) 거드름 피우다
care for(12:10) 돌보다

chase [ʧeis](12:11) 뒤쫓다, 추구하다
fantasy [faéntəsi](12:11) (터무니없는) 상상
be jealous of ~(12:12) ~을 탐내다
loot [lu:t](12:12) 약탈품
be trapped by ~(12:13) ~으로 인해 함정에 빠지다
quick-tempered [kwíktémpərd](12:16) 성급한, 성마른
insult [insʌlt](12:16) 모욕하다

6

7

8

9

10

11

12

13

14

15

16

17 진실한 증인은 정직하게 증언하지만, 거짓 증인은 거짓말을 내뱉는다.

18 되는 대로 하는 말은 비수처럼 찌르지만, 지혜로운 자의 혀는 상한 마음을 고쳐 준다.

19 진실한 입술은 영원히 남지만, 거짓된 혀는 곧 사라지고 만다.

20 악을 꾀하는 자의 마음에는 거짓이 있지만, 평안을 추구하는 자의 마음에는 즐거움이 있다.

21 의인은 해를 당하지 않으나, 악인에게는 많은 재앙이 있다.

22 여호와께서는 거짓된 입술을 미워하시지만, 진실한 사람은 기뻐하신다.

23 슬기로운 사람은 자기 지식을 잘 드러내지 않지만, 미련한 자는 자기 미련을 드러낸다.

24 부지런한 사람은 남을 다스리겠지만, 게으름뱅이는 남의 종노릇이나 할 것이다.

25 마음에 근심이 있으면 절망에 빠지지만, 격려의 말은 그를 다시 일으켜 준다.

26 의인은 이웃을 바른 길로 인도하지만, 악인은 자기 스스로 불행한 길로 나아간다.

27 게으른 사람은 자기가 잡은 사냥감도 요리하기 싫어하지만, 부지런한 사람은 보화를 캔다.

stays calm when insulted.

17 An honest witness tells the truth; a false witness tells lies.

18 Some people make cutting remarks, but the words of the wise bring healing.

19 Truthful words stand the test of time, but lies are soon exposed.

20 Deceit fills hearts that are plotting evil; joy fills hearts that are planning peace!

21 No harm comes to the godly, but the wicked have their fill of trouble.

22 The LORD detests lying lips, but he delights in those who tell the truth.

23 The wise don't make a show of their knowledge, but fools broadcast their foolishness.

24 Work hard and become a leader; be lazy and become a slave.

25 Worry weighs a person down; an encouraging word cheers a person up.

26 The godly give good advice to their friends; the wicked lead them astray.

27 Lazy people don't even cook the game they catch, but the diligent make use of everything they find.

---

cutting [kʌtiŋ](12:18) 신랄한, 날카로운
remark [rimάːrk](12:18) 말, 비평
expose [ikspóuz](12:19) 드러내다, 폭로하다
deceit [disíːt](12:20) 기만, 사기
plot [plat](12:20) 몰래 꾸미다, 계획하다
delight in ~(12:22) ~을 기뻐하다
make a show of ~(12:23) ~을 자랑삼아 보이다

broadcast [brɔ́ːdkæst](12:23) 퍼뜨리다
weigh down(12:25) 누르다, 침울케 하다
encouraging [inkə́ːridʒiŋ](12:25) 격려하는, 힘을 북돋아 주는
lead ~ astray(12:26) ~를 나쁜 길로 이끌다
game [geim](12:27) 사냥감
diligent [dílədʒənt](12:27) 근면한
make use of ~(12:27) ~을 사용하다

17

18

19

20

21

22

23

24

25

26

27

28 의로운 길에는 생명이 있고, 그 길에는 사망이 없다.

13 지혜로운 아들은 자기 아버지의 교훈에 순종하지만, 거만한 아들은 책망을 듣지 않는다.

2 입술을 잘 열면 좋은 것을 먹지만, 사기꾼은 늘 폭력을 휘두를 생각만 한다.

3 자기 입을 잘 지키는 사람은 생명을 보존하지만, 입술을 함부로 여는 사람은 망한다.

4 게으른 사람은 원하는 것을 얻지 못하지만, 부지런한 사람은 원하는 대로 얻는다.

5 의인은 거짓을 미워하지만, 악인은 수치와 모욕을 당한다.

6 행위가 온전한 사람은 의가 보호하지만, 악인은 죄 때문에 망한다.

7 부자인 체하나 아무것도 없는 사람이 있는가 하면, 가난한 체하여도, 부자인 사람이 있다.

8 부자는 자기 재물로 생명을 구할지도 모르나, 가난한 사람은 위협받을 일이 없다.

9 의인의 빛은 환하게 빛나지만, 악인의 등불은 꺼진다.

10 교만은 다툼을 초래하나, 충고를 잘 듣는 사람에게는 지혜가 있다.

28 The way of the godly leads to life; that path does not lead to death.

13 A wise child accepts a parent's discipline; a mocker refuses to listen to correction.

2 Wise words will win you a good meal, but treacherous people have an appetite for violence.

3 Those who control their tongue will have a long life; opening your mouth can ruin everything.

4 Lazy people want much but get little, but those who work hard will prosper.

5 The godly hate lies; the wicked cause shame and disgrace.

6 Godliness guards the path of the blameless, but the evil are misled by sin.

7 Some who are poor pretend to be rich; others who are rich pretend to be poor.

8 The rich can pay a ransom for their lives, but the poor won't even get threatened.

9 The life of the godly is full of light and joy, but the light of the wicked will be snuffed out.

10 Pride leads to conflict; those who take advice are wise.

---

discipline[dísəplin](13:1) 훈계
mocker[mάkər](13:1) 조롱하는 사람
correction[kərékʃən](13:1) 징계
treacherous[trétʃərəs](13:2) 배반하는
have an appetite for ~(13:2) ~을 좋아하다
violence[vάiələns](13:2) 폭력
prosper[prάspər](13:4) 번영하다

godliness[gάdlinis](13:6) 경건
mislead[misli'd](13:6) 오도하다, 잘못 인도하다
pretend to ~(13:7) ~인 체하다
ransom[rǽnsəm](13:8) 몸값
get threatened(13:8) 위협받다
be full of ~(13:9) ~로 가득 차다
snuff out(13:9) (초, 불 등이) 꺼지다

28

13

2

3

4

5

6

7

8

9

10

11 부정하게 쌓은 재물은 점점 줄어드나, 힘들여 모은 돈은 점점 증가한다.

12 소망이 좌절되면 마음에 병이 들지만, 소망이 이루어지면 그 안에 생명이 있고 기쁨이 넘치게 된다.

13 말씀을 멸시하는 자는 파멸에 이르지만, 명령을 존중하는 자는 보상을 받는다.

14 지혜자의 가르침은 생명샘 같아서, 사람을 사망의 올무에서 건져 준다.

15 슬기로운 마음은 은총을 입지만, 사기꾼의 앞길은 험난하기만 하다.

16 슬기로운 사람은 매사에 신중하나, 어리석은 사람은 자기 미련을 드러낸다.

17 못된 심부름꾼은 재앙을 가져오나, 신실한 심부름꾼은 평안을 가져다 준다.

18 징계를 무시하는 자는 가난과 수치를 당하지만, 책망을 달게 받는 자는 존귀하게 된다.

19 소원을 성취하면 마음이 즐거우나, 어리석은 자들은 악에서 떠나기를 싫어한다.

20 지혜로운 자들과 함께 걸으면 지혜롭게 되지만, 어리석은 자들과 친구가 되면 해만 당한다.

11 Wealth from get-rich-quick schemes quickly disappears; wealth from hard work grows over time.

12 Hope deferred makes the heart sick, but a dream fulfilled is a tree of life.

13 People who despise advice are asking for trouble; those who respect a command will succeed.

14 The instruction of the wise is like a life-giving fountain; those who accept it avoid the snares of death.

15 A person with good sense is respected; a treacherous person is headed for destruction.

16 Wise people think before they act; fools don't– and even brag about their foolishness.

17 An unreliable messenger stumbles into trouble, but a reliable messenger brings healing.

18 If you ignore criticism, you will end in poverty and disgrace; if you accept correction, you will be honored.

19 It is pleasant to see dreams come true, but fools refuse to turn from evil to attain them.

20 Walk with the wise and become wise; associate with fools and get in trouble.

---

get-rich-quick(13:11) 일확천금의
scheme [ski:m](13:11) 음모, 계략
deferred [difə́:rd] (13:12) 연기된, 미뤄진
despise [dispáiz](13:13) 멸시하다
fountain [fáuntən](13:14) 샘
snare [snɛər](13:14) 올무, 덫
headed for(13:15) 향하다, 나아가다

brag about ~(13:16) ~을 자랑하다
unreliable [ə,nrilai'əbəl](13:17) 믿을 수 없는
stumble [stʌmbl](13:17) ~에 발부리가 걸리다
criticism [krítəsìzm](13:18) 충고, 비판
end in ~(13:18) ~으로 끝나다
attain [ətéin](13:19) 달성하다, 이루다
associate with ~(13:20) ~와 결합하다, 교제하다

11

12

13

14

15

16

17

18

19

20

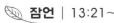
21 재앙은 죄인을 찾아다니고, 선한 보상은 의인을 따라다닌다.

22 선한 사람은 자기 재산을 후손 만 대에 물려주지만, 죄인의 재산은 의인에게 돌아간다.

23 가난한 사람은 열심히 노력하여 양식이 많아지지만, 불의한 사람은 재산을 모두 잃게 된다.

24 회초리를 들지 못하는 사람은 자기 자식을 미워하는 자니, 자기 자식을 사랑하는 부모는 부지런히 자식을 훈련시킨다.

25 의인은 배불리 먹으나, 악인은 항상 배고프다.

14 지혜로운 여인은 자기 집을 번영하게 하지만, 미련한 여인은 자기 손으로 집을 망친다.

2 정직하게 행하는 사람은 여호와를 경외하지만, 행위가 악한 사람은 그분을 멸시한다.

3 미련한 사람은 말 때문에 자기 등에 회초리를 맞으나, 지혜로운 자의 입술은 자신을 보호한다.

4 소가 없으면 외양간이 깨끗하겠지만, 소의 힘으로 얻는 것이 많다.

5 진실한 증인은 거짓말을 하지 않지만, 거짓 증인은 거짓말을 밥먹듯 내뱉는다.

6 거만한 자는 지혜를 찾아도 발견하지 못하나, 명철한 사람은 쉽게

21 Trouble chases sinners, while blessings reward the righteous.

22 Good people leave an inheritance to their grandchildren, but the sinner's wealth passes to the godly.

23 A poor person's farm may produce much food, but injustice sweeps it all away.

24 Those who spare the rod of discipline hate their children. Those who love their children care enough to discipline them.

25 The godly eat to their hearts' content, but the belly of the wicked goes hungry.

14 A wise woman builds her home, but a foolish woman tears it down with her own hands.

2 Those who follow the right path fear the LORD; those who take the wrong path despise him.

3 A fool's proud talk becomes a rod that beats him, but the words of the wise keep them safe.

4 Without oxen a stable stays clean, but you need a strong ox for a large harvest.

5 An honest witness does not lie; a false witness breathes lies.

6 A mocker seeks wisdom and never finds it, but knowledge comes easily to those with

---

inheritance [inhérətəns](13:22) 유업, 유산

pass to ~(13:22) ~의 손에 넘어가다, 양도되다

injustice [indʒʌstis](13:23) 부정, 부당

sweep ~ away(13:23) ~을 쓸어버리다, 없애버리다

spare [spɛər](13:24) 아끼다

rod [rad](13:24) 회초리, 징벌

belly [béli](13:25) 배

tear down(14:1) (건물 등을) 헐다, 부수다

despise [dispáiz](14:2) 멸시하다

proud(14:3) 자랑스러운, 자부심이 강한,

ox [aks](14:4) 황소('oxen'은 복수형)

stable [stéibl](14:4) 외양간

false [fɔːls](14:5) 거짓의, 허위의

mocker [mάkər](14:6) 조롱하는 사람

21

22

23

24

25

14

2

3

4

5

6

지식을 얻는다.

7 어리석은 자에게서 속히 떠나라. 그의 입술에서 무슨 배울 것이 있겠는가?

8 슬기로운 사람의 지혜는 그의 길을 밝혀 주지만, 어리석은 자의 미련은 속이는 것뿐이다.

9 미련한 사람은 죄 용서받는 일을 비웃지만, 정직한 사람들은 은총을 입는다.

10 마음의 고통은 남이 모르고, 기쁜 마음도 역시 모른다.

11 악인의 집은 망하지만, 정직한 자의 살림은 번창한다.

12 어떤 길은 사람이 보기에 좋아 보여도, 결국은 죽음의 길이다.

13 웃을 때도 고통이 숨어 있고, 기쁨의 끝에도 슬픔이 있다.

14 마음이 비뚤어진 사람은 행한 대로 보응을 받겠고, 선한 사람도 자기 행실로 보상을 받는다.

15 미련한 자는 남의 말을 곧이곧대로 듣지만, 슬기로운 사람은 신중하게 행동한다.

16 지혜로운 사람은 여호와를 경외하고 악한 일을 멀리하나, 어리석은 자는 제멋대로 행동한다.

17 성미가 조급한 사람은 미련한 짓을 하고, 음모를 꾸미는 자는 미움을 받는다.

18 미련한 사람은 미련을 상속 받지

understanding.

7 Stay away from fools, for you won't find knowledge on their lips.

8 The prudent understand where they are going, but fools deceive themselves.

9 Fools make fun of guilt, but the godly acknowledge it and seek reconciliation.

10 Each heart knows its own bitterness, and no one else can fully share its joy.

11 The house of the wicked will be destroyed, but the tent of the godly will flourish.

12 There is a path before each person that seems right, but it ends in death.

13 Laughter can conceal a heavy heart, but when the laughter ends, the grief remains.

14 Backsliders get what they deserve; good people receive their reward.

15 Only simpletons believe everything they're told! The prudent carefully consider their steps.

16 The wise are cautious and avoid danger; fools plunge ahead with reckless confidence.

17 Short-tempered people do foolish things, and schemers are hated.

18 Simpletons are clothed with foolishness, but the

---

prudent [prúːdnt](14:8) 현명한, 분별 있는
deceive [disíːv](14:8) 속이다, 기만하다
make fun of ~(14:9) ~를 놀림감으로 삼다
acknowledge [æknɑ́lidʒ](14:9) 인정하다
reconciliation [rèkənsìliéiʃən](14:9) 화해
bitterness [bítərnis](14:10) 애통, 비통
conceal [kənsíːl](14:13) 감추다, 숨기다

backslider(14:14) 퇴보자, 타락자
simpleton [símplʃən](14:15) 바보, 얼간이
prudent [prúːdnt](14:15) 현명한, 분별 있는
cautious [kɔ́ːʃəs](14:16) 조심성 있는, 신중한
plunge [plʌndʒ](14:16) 돌진하다
reckless [réklis](14:16) 무모한
short-tempered(14:17) 성미가 급한, 성마른

7

8

9

10

11

12

13

14

15

16

17

18

만, 슬기로운 사람은 지식의 왕관을 쓴다.

19 사악한 자들은 선인들 앞에서 고개를 숙여야 하고, 악인들은 의인의 문 앞에 엎드린다.

20 가난한 사람은 이웃도 피하지만, 부자는 친구가 많다.

21 자기 이웃을 업신여기는 사람은 죄를 짓는 것이지만, 가난한 자를 돕는 사람은 복이 있다.

22 음모를 꾸미는 자는 길을 잃고 방황할 것이지만, 선한 것을 생각하는 사람은 사랑과 신실함을 보장받는다.

23 모든 수고는 이득을 가져오나, 말로만 하면 가난해질 뿐이다.

24 지혜로운 자가 쓸 면류관은 자기의 지혜이지만, 미련한 사람이 쓸 화관은 자기의 미련이다.

25 진실한 증인은 죄 없는 사람들을 구하지만, 거짓 증인은 사람을 해친다.

26 여호와를 경외하는 사람은 견고한 요새를 가진 자이며, 그 후손도 그로 인해 피난처를 얻는다.

27 여호와를 경외하는 것이 생명의 샘이니, 사람을 사망의 올무에서 건진다.

28 백성이 많은 것은 왕의 영광이지만, 백성이 없는 왕은 망한다.

29 화를 참는 자는 지혜로우나, 성미

prudent are crowned with knowledge.

19 Evil people will bow before good people; the wicked will bow at the gates of the godly.

20 The poor are despised even by their neighbors, while the rich have many "friends."

21 It is a sin to belittle one's neighbor; blessed are those who help the poor.

22 If you plan to do evil, you will be lost; if you plan to do good, you will receive unfailing love and faithfulness.

23 Work brings profit, but mere talk leads to poverty!

24 Wealth is a crown for the wise; the effort of fools yields only foolishness.

25 A truthful witness saves lives, but a false witness is a traitor.

26 Those who fear the LORD are secure; he will be a refuge for their children.

27 Fear of the LORD is a life-giving fountain; it offers escape from the snares of death.

28 A growing population is a king's glory; a prince without subjects has nothing.

29 People with understanding control their anger; a hot temper shows great foolishness.

---

bow before ～(14:19) ～앞에 엎드리다
despise [dispáiz](14:20) 멸시하다
belittle [bilítl](14:21) 얕보다, 업신여기다
unfailing [ənfeiʼliŋ](14:22) 충실한, 신실한
profit [práfit](14:23) 이익
poverty [pávərti](14:23) 가난
yield [jiːld](14:24) 낳다, 초래하다

traitor [tréitər](14:25) 배신자, 반역자
secure [sikjúər](14:26) 안전한, 견고한
a refuge for ～(14:26) ～에게 피난처가 되다
snare [snɛər](14:27) 올무, 덫
population [pàpjuléiʃən](14:28) 인구
control one's anger(14:29) 화를 억제하다
a hot temper(14:29) 노여움, 급한 성미

19

20

21

22

23

24

25

26

27

28

29

가 조급한 사람은 미련을 드러낸다.

30 마음이 편하면 신체도 건강하나, 질투심은 뼈를 썩게 만든다.

31 가난한 사람을 학대하는 자는 저들을 만드신 주를 멸시하는 것이며, 궁핍한 자에게 베푸는 자는 하나님을 경외하는 것이다.

32 재앙이 오면 악인은 망하지만, 의인은 죽을 자리에서도 피난처를 얻는다.

33 지혜는 슬기로운 사람의 마음에는 간직되지만, 심지어 어리석은 사람 중에서도 알려진다.

34 의로운 사람들은 자기 나라를 번창하게 하지만, 죄는 백성을 부끄럽게 만든다.

35 왕은 지혜로운 신하를 기뻐하나, 해를 끼치는 신하에게는 진노를 발한다.

15 부드러운 대답은 화를 가라앉히지만, 과격한 말은 노를 일으킨다.

2 지혜 있는 자의 혀는 지식을 전달하지만, 어리석은 자의 입은 미련을 토해 낸다.

3 여호와의 눈은 미치지 않는 곳이 없어, 악인이나 선인 모두를 보고 계신다.

4 온화한 말은 생명나무와 같지만, 잔인한 말은 마음을 상하게 한다.

5 미련한 사람은 자기 아버지의 징계를 업신여기나, 책망을 듣는 자는 슬기롭다.

6 의인의 집에는 많은 재물이 있지만,

30 A peaceful heart leads to a healthy body; jealousy is like cancer in the bones.

31 Those who oppress the poor insult their Maker, but helping the poor honors him.

32 The wicked are crushed by disaster, but the godly have a refuge when they die.

33 Wisdom is enshrined in an understanding heart; wisdom is not found among fools.

34 Godliness makes a nation great, but sin is a disgrace to any people.

35 A king rejoices in wise servants but is angry with those who disgrace him.

15 A gentle answer deflects anger, but harsh words make tempers flare.

2 The tongue of the wise makes knowledge appealing, but the mouth of a fool belches out foolishness.

3 The LORD is watching everywhere, keeping his eye on both the evil and the good.

4 Gentle words are a tree of life; a deceitful tongue crushes the spirit.

5 Only a fool despises a parent's discipline; whoever learns from correction is wise.

6 There is treasure in the house of the godly,

oppress [əprés](14:31) 학대하다, 박해하다
crush [krʌʃ](14:32) 눌러 부수다
refuge [réfjuːdʒ](14:32) 피난처, 위안(자)
enshrine [inʃráin](14:33) 간직하다
be a disgrace to ~(14:34) ~의 망신이다, ~의 명예 훼손이다
deflect [diflékt](15:1) 비끼다, 빗나가다
harsh [haːrʃ](15:1) 거친, 과격한

temper [témpər](15:1) 화, 노여움
flare [flɛər](15:1) 타오르다, 격발하다
belch out ~(15:2) ~을 내뱉다, 분출하다
foolishness [fúːliʃnisa](15:2) 악
keep one's eye on ~(15:3) ~을 응시하다
deceitful [disíːtfəl](15:4) 기만하는, 속이는
correction [kərékʃən](15:5) 징계

30

31

32

33

34

35

15

2

3

4

5

6

악인의 소득은 오히려 괴로울 뿐이다.

7 지혜로운 자의 입술은 지식을 전파하나, 어리석은 자의 마음은 그렇지 않다.

8 악인의 제사는 여호와께서 미워하시지만, 정직한 자의 기도는 기뻐하신다.

9 악인의 길은 여호와께서 미워하시나, 의를 따라가는 자는 기뻐하신다.

10 바른 길에서 떠나는 자는 엄중한 처벌을 받고, 책망을 싫어하는 자는 죽는다.

11 무덤과 사망도 여호와 앞에는 환히 드러난다. 하물며 여호와께서 사람의 마음을 어찌 모르시겠는가?

12 거만한 사람은 책망을 싫어하여, 지혜로운 사람에게 가지 않는다.

13 마음이 즐거우면 얼굴이 환하지만, 마음의 근심은 영혼을 상하게 한다.

14 슬기로운 마음은 지식을 추구하나, 어리석은 자들의 입은 미련을 먹고 산다.

15 고통당하는 자의 나날은 비참하나, 마음이 즐거운 자는 늘 축제를 연다.

16 재물이 없어도 여호와를 모신 삶이, 많은 재산을 갖고 있으면서 문제가 많은 것보다 낫다.

17 채소만 먹어도 서로 사랑하는 것

but the earnings of the wicked bring trouble.

7 The lips of the wise give good advice; the heart of a fool has none to give.

8 The LORD detests the sacrifice of the wicked, but he delights in the prayers of the upright.

9 The LORD detests the way of the wicked, but he loves those who pursue godliness.

10 Whoever abandons the right path will be severely disciplined; whoever hates correction will die.

11 Even Death and Destruction hold no secrets from the LORD. How much more does he know the human heart!

12 Mockers hate to be corrected, so they stay away from the wise.

13 A glad heart makes a happy face; a broken heart crushes the spirit.

14 A wise person is hungry for knowledge, while the fool feeds on trash.

15 For the despondent, every day brings trouble; for the happy heart, life is a continual feast.

16 Better to have little, with fear for the LORD, than to have great treasure and inner turmoil.

17 A bowl of vegetables with someone you love

---

detest [ditést](15:8) 혐오하다
upright [Ʌpràit](15:8) 정직한, 올바른
pursue [pərsú:](15:9) 추구하다, 따라가다
abandon [əbǽndən](15:10) 버리다
severely [sivíərli](15:10) 엄하게
discipline [dísəplin](15:10) 훈계하다
correct [kərékt](15:12) 바로 잡다

stay away from ～(15:12) ～에서 떨어져 있다
be hungry for ～(15:14) ～에 굶주리다
feed on ～(15:14) ～를 먹고 살다
trash [træʃ](15:14) 허튼소리
despondent [dispάndənt](15:15) 실망한 사람, 낙담한 사람
continual [kəntínjuəl](15:15) 끊임없는
turmoil [tə́:rmɔil](15:16) 불안, 혼란

7

8

9

10

11

12

13

14

15

16

17

이, 쇠고기로 잔치하면서 싸우는 것 보다 낫다.

18 성미가 급한 사람은 다툼을 일으키나, 참는 사람은 싸움을 그치게 한다.

19 게으른 사람의 길은 가시밭이나, 정직한 사람의 길은 넓고 평탄한 길이다.

20 지혜로운 아들은 아버지를 기쁘게 하나, 어리석은 사람은 자기 어머니를 멸시한다.

21 지혜롭지 못한 사람은 미련을 즐기지만, 명철한 사람은 바른 길을 걷는다.

22 의논이 없으면 계획이 실패하고, 조언자들이 많으면 성공한다.

23 사람은 대답하는 말을 듣고 기쁨을 얻나니, 적절하게 맞는 말을 하는 것이 얼마나 값진 일인가?

24 지혜로운 자의 길은 위로 생명 길과 연결되어, 아래 무덤으로 떨어지는 것을 막아 준다.

25 여호와께서는 교만한 사람의 집은 허시지만, 과부의 밭은 지켜 주신다.

26 악인의 생각은 여호와께서 미워하시나, 선한 자의 생각은 기뻐하신다.

27 탐욕을 부리는 자는 자기 가족에게 재앙을 가져오나, 뇌물을 미워하는 자는 형통할 것이다.

is better than steak with someone you hate.

18 A hot-tempered person starts fights; a cool-tempered person stops them.

19 A lazy person's way is blocked with briers, but the path of the upright is an open highway.

20 Sensible children bring joy to their father; foolish children despise their mother.

21 Foolishness brings joy to those with no sense; a sensible person stays on the right path.

22 Plans go wrong for lack of advice; many advisers bring success.

23 Everyone enjoys a fitting reply; it is wonderful to say the right thing at the right time!

24 The path of life leads upward for the wise; they leave the grave behind.

25 The LORD tears down the house of the proud, but he protects the property of widows.

26 The LORD detests evil plans, but he delights in pure words.

27 Greed brings grief to the whole family, but those who hate bribes will live.

---

hot-tempered [hάttémpərd](15:18) 성급한, 화를 잘 내는
block [blak](15:19) 막다, 방해하다
brier [bráiər](15:19) 찔레, 가시나무
sensible [sénsəbl](15:20) 지혜로운, 똑똑한
bring joy to ~(15:20) ~에게 기쁨을 주다
go wrong(15:22) (계획 등이) 실패하다
for lack of ~(15:22) ~의 부족함으로

a fitting reply(15:23) 합당한 말
tear down(15:25) (건물 등을) 헐다, 부수다
widow [wídou](15:25) 과부
delight in ~(15:26) ~를 기뻐하다
greed [gri:d](15:27) 탐욕, 욕심
bring grief to ~(15:27) ~에게 근심을 끼치다
bribe [braib](15:27) 뇌물

18

19

20

21

22

23

24

25

26

27

28 의인은 신중히 대답하나, 악인의 입은 악을 마구 토해 낸다.

29 여호와께서는 악인을 멀리하시나, 의인의 기도는 들으신다.

30 마음의 기쁨은 눈을 통해 빛나고, 좋은 소식은 뼈를 건강하게 만들어 준다.

31 생명을 주는 책망에 귀기울이는 자는 지혜로운 자들 가운데 살 것이다.

32 훈계를 무시하는 사람은 자기를 멸시하는 자이지만, 책망을 듣는 자는 총명을 얻는다.

33 여호와를 경외하는 것은 사람에게 지혜를 준다. 겸손하면 영예가 뒤따른다.

16 마음의 계획은 사람이 세우지만, 그 일을 이루시는 분은 여호와이시다.

2 사람의 행위가 자기 보기에는 모두 깨끗하여도, 여호와께서는 마음을 살피신다.

3 너의 일을 여호와께 맡겨라. 그러면 너의 계획이 성공할 것이다.

4 여호와께서 모든 것을 자기 목적대로 지으셨나니, 악인은 재앙의 날을 위해 만드셨다.

5 마음이 교만한 자는 여호와께서 미워하시며, 반드시 그들을 처벌하신다.

28 The heart of the godly thinks carefully before speaking; the mouth of the wicked overflows with evil words.

29 The LORD is far from the wicked, but he hears the prayers of the righteous.

30 A cheerful look brings joy to the heart; good news makes for good health.

31 If you listen to constructive criticism, you will be at home among the wise.

32 If you reject discipline, you only harm yourself; but if you listen to correction, you grow in understanding.

33 Fear of the LORD teaches wisdom; humility precedes honor.

16 We can make our own plans, but the LORD gives the right answer.

2 People may be pure in their own eyes, but the LORD examines their motives.

3 Commit your actions to the LORD, and your plans will succeed.

4 The LORD has made everything for his own purposes, even the wicked for a day of disaster.

5 The LORD detests the proud; they will surely be punished.

---

overflow with ~(15:28) ~으로 가득 차 있다
cheerful [tʃíərfəl](15:30) 기분 좋은, 좋아 보이는
make for ~(15:30) ~에 도움이 되다, 이바지하다
constructive [kənstrʌ́ktiv](15:31) 건설적인, 발전적인
criticism [krítəsìzm](15:31) 비판, 충고
be at home(15:31) 마음이 편하다
harm [ha:rm](15:32) 해치다, 피해를 입히다

humility [hju:míləti](15:33) 겸손
precede [prisí:d](15:33) 앞서다
in one's own eyes(16:2) 자신이 볼 때는
examine [igzaémin](16:2) 심사하다
motive [móutiv](16:2) 동기, 진의
commit [kəmít](16:3) 맡기다, 위탁하다
purpose [pə́:rpəs](16:4) 목적, 의도

28

29

30

31

32

33

16

2

3

4

5

6 사랑과 신실함으로 죄를 용서받고, 여호와를 경외함으로 악을 멀리하게 된다.

7 사람의 행위가 여호와를 기쁘시게 하면, 그 사람의 원수까지도 화목하게 하신다.

8 적은 재물로 의롭게 사는 것이, 부정하게 얻은 재물을 쌓아 놓고 사는 것보다 낫다.

9 사람은 자기 마음에 앞날을 계획하지만, 그 걸음을 정하시는 이는 여호와이시다.

10 왕의 입술은 지혜를 말하고, 그의 입은 바른 것에서 떠나지 말아야 한다.

11 정확한 저울과 천칭은 여호와께서 정하신 것이요, 모든 저울추 역시 그분이 정하신다.

12 왕은 악한 일을 미워해야 한다. 공의로만 왕위가 튼튼히 세워지기 때문이다.

13 왕은 정직한 입술을 기뻐하고, 진리를 말하는 사람을 귀하게 여겨야 한다.

14 왕이 노하면 사람을 죽일 수 있으나, 지혜로운 자는 그 진노를 풀게 한다.

15 왕의 얼굴빛이 환하면 살 수 있으니, 그의 은총은 봄비를 담은 구름과 같다.

16 지혜를 얻는 것이 금을 얻는 것보다 낫고, 명철을 얻는 것이 은을 얻는 것보다 낫다.

6 Unfailing love and faithfulness make atonement for sin. By fearing the LORD, people avoid evil.

7 When people's lives please the LORD, even their enemies are at peace with them.

8 Better to have little, with godliness, than to be rich and dishonest.

9 We can make our plans, but the LORD determines our steps.

10 The king speaks with divine wisdom; he must never judge unfairly.

11 The LORD demands accurate scales and balances; he sets the standards for fairness.

12 A king detests wrongdoing, for his rule is built on justice.

13 The king is pleased with words from righteous lips; he loves those who speak honestly.

14 The anger of the king is a deadly threat; the wise will try to appease it.

15 When the king smiles, there is life; his favor refreshes like a spring rain.

16 How much better to get wisdom than gold, and good judgment than silver!

unfailing [ənfeiˈliŋ](16:6) 실수 없는, 기대에 어긋나지 않는
make atonement for ~(16:6) ~을 보상하다
at peace with ~(16:7) ~와 사이좋게
dishonest [disɑ́nist](16:8) 부정한, 불의한
make one's plan(16:9) 계획을 세우다
determine [ditə́ːrmin](16:9) 정하다
divine [diváin](16:10) 신성한, 거룩한

unfairly [ənfeˈrli](16:10) 불공평하게
accurate [aǽkjurət](16:11) 정확한
scale [skeil](16:11) (접시) 저울
fairness [féərnis](16:11) 공평
threat [θret](16:14) 위협
appease [əpíːz](16:14) 달래다, 가라앉히다
refresh [rifréʃ](16:15) 새롭게 하다

6

7

8

9

10

11

12

13

14

15

16

17 악을 피하면 정직한 자의 길이 뚫리나니, 그 길을 걷는 사람은 자기 생명을 지킨다.

18 교만은 파멸의 선봉장이고, 거만한 마음은 넘어짐의 앞잡이다.

19 겸손한 자들과 함께 사는 것이, 교만한 자들과 빼앗은 물건을 나누는 것보다 낫다.

20 가르침에 순종하는 사람은 잘 되며, 여호와를 신뢰하는 자는 복이 있다.

21 마음이 지혜로운 자는 슬기롭다 하고, 사람들은 부드러운 말을 잘 듣는다.

22 명철한 사람은 생명샘을 가진 자이나, 미련한 사람은 그 미련함 때문에 벌을 받는다.

23 지혜로운 자의 마음은 그의 입을 다스리고, 그의 입술을 잘 가르친다.

24 부드러운 말은 송이꿀과 같아서, 영혼에 달며 뼈를 치료한다.

25 어떤 길은 바르게 보일지 모르나 결국은 죽음으로 인도한다.

26 사람은 배가 고파야 일을 하고, 허기져야 일거리를 찾는다.

27 불량배는 범죄를 꾀하고, 그의 말은 모조리 태워 버리는 불과 같다.

28 비뚤어진 사람은 다툼을 일으키고, 남의 말을 좋아하는 사람은 친구 사이를 갈라놓는다.

17 The path of the virtuous leads away from evil; whoever follows that path is safe.

18 Pride goes before destruction, and haughtiness before a fall.

19 Better to live humbly with the poor than to share plunder with the proud.

20 Those who listen to instruction will prosper; those who trust the LORD will be joyful.

21 The wise are known for their understanding, and pleasant words are persuasive.

22 Discretion is a life-giving fountain to those who possess it, but discipline is wasted on fools.

23 From a wise mind comes wise speech; the words of the wise are persuasive.

24 Kind words are like honey–sweet to the soul and healthy for the body.

25 There is a path before each person that seems right, but it ends in death.

26 It is good for workers to have an appetite; an empty stomach drives them on.

27 Scoundrels create trouble; their words are a destructive blaze.

28 A troublemaker plants seeds of strife; gossip separates the best of friends.

virtuous [vɔ́:rtʃuəs](16:17) 정직한, 덕이 있는
go before ~(16:18) ~를 향해 나아가다
haughtiness [hɔ́:tinis](16:18) 거만
plunder [plʌ́ndər](16:19) 약탈품
be known for ~(16:21) ~으로 유명하다
pleasant [plézənt](16:21) 유쾌한, 상냥한
persuasive [pərswéisiv](16:21) 설득력 있는

discretion [diskréʃən](16:22) 분별
be wasted on ~(16:22) ~에게 쓸모없는 짓이 되다
drive on(16:26) (~하도록) 내몰다
scoundrel [skáundrəl](16:27) 불량배
destructive [distrʌ́ktiv](16:27) 파괴적인
strife [straif](16:28) 갈등
gossip [gásəp](16:28) 험담, 수다

17

18

19

20

21

22

23

24

25

26

27

28

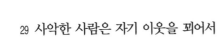

29 사악한 사람은 자기 이웃을 꾀어서 멸망의 길로 인도한다.

30 눈짓하는 사람은 음모를 꾸미는 자이며, 입술을 심술궂게 다문 사람은 죄를 저지른다.

31 백발은 영예로운 면류관이니, 의로운 삶을 통해 얻는다.

32 노하기를 더디 하는 사람은 용사보다 낫고, 자기를 다스릴 줄 아는 자는 성을 정복하는 자보다 낫다.

33 사람이 제비를 뽑지만, 그 결정은 여호와께서 하신다.

17 마른 **빵** 한 조각만 있어도 화목한 것이, 먹을 것을 많이 차려 놓고 싸우는 집안보다 낫다.

2 지혜로운 종은 주인의 부끄러운 아들을 다스리고, 그 아들이 받을 재산을 함께 받을 것이다.

3 도가니가 은을, 풀무가 금을 녹이듯, 여호와는 사람의 마음을 시험하신다.

4 악을 행하는 사람은 악한 말을 따르고, 거짓말하는 사람은 험담에 귀를 기울인다.

5 가난한 자를 비웃는 사람은 그를 만드신 분을 멸시하는 것이며, 남이 망하는 것을 기뻐하는 사람은 절대 벌을 면치 못할 것이다.

6 손자는 노인의 면류관이고, 부모는 자식들의 자랑이다.

29 Violent people mislead their companions, leading them down a harmful path.

30 With narrowed eyes, people plot evil; with a smirk, they plan their mischief.

31 Gray hair is a crown of glory; it is gained by living a godly life.

32 Better to be patient than powerful; better to have self-control than to conquer a city.

33 We may throw the dice, but the LORD determines how they fall.

17 Better a dry crust eaten in peace than a house filled with feasting–and conflict.

2 A wise servant will rule over the master's disgraceful son and will share the inheritance of the master's children.

3 Fire tests the purity of silver and gold, but the LORD tests the heart.

4 Wrongdoers eagerly listen to gossip; liars pay close attention to slander.

5 Those who mock the poor insult their Maker; those who rejoice at the misfortune of others will be punished.

6 Grandchildren are the crowning glory of the aged; parents are the pride of their children.

---

mislead [misli'd](16:29) 오도하다, 잘못 인도하다
companion [kəmpaénjən](16:29) 동료, 친구
smirk [smə:rk](16:30) 능글맞은 웃음
mischief [místʃif](16:30) 해악, 장난
conquer [káŋkər](16:32) 정복하다
dice [dais](16:33) 주사위
crust [krʌst](17:1) 빵 껍질

conflict [kənflíkt](17:1) 분쟁, 갈등
purity [pjúərəti](17:3) 청결, 결백
wrongdoer [rɔ'ŋduˈər](17:4) 범죄자
eagerly [íːgərli](17:4) 열심히
slander [slaéndər](17:4) 비방
misfortune [misfɔ'rtʃən](17:5) 불행
the aged(17:6) 노인(들)

29

30

31

32

33

17

2

3

4

5

6

7 미련한 자가 거만하게 말하는 것이 어울리지 않는 것처럼 통치자가 거짓말하는 것도 합당하지 않다.

8 뇌물은 그것을 주는 자가 생각하기에 요술과 같아서, 옳지 않은 일을 마음대로 하게 한다.

9 모욕을 갚지 않는 것은 사랑을 구하는 것이지만, 지난 일을 자꾸 끄집어내면 친구도 원수가 된다.

10 슬기로운 자는 한 마디 책망에 깨우치나, 어리석은 자는 매를 백 대 맞아도 알지 못한다.

11 악인은 늘 대들려고 하니, 그런 자에게는 무자비한 처벌이 있을 것이다.

12 새끼들을 빼앗긴 암곰을 만나는 것보다도, 미련하고 어리석은 자를 만나는 것이 더 두렵다.

13 배은망덕하면, 재앙이 그의 집에서 늘 떠나지 않을 것이다.

14 다툼의 시작은 댐의 작은 구멍과 같으니, 싸움이 일어나기 전에 따지기를 그만두어라.

15 범죄자를 무죄 석방시키고, 무고한 자를 죄인으로 만드는 일은 여호와께서 모두 미워하신다.

16 어리석은 자가 가진 돈은 가치가 없다. 왜냐하면 그는 지혜를 살 생각을 못하기 때문이다.

17 친구는 변함없이 사랑하고, 형제는 어려울 때에 돕는다.

7 Eloquent words are not fitting for a fool; even less are lies fitting for a ruler.

8 A bribe is like a lucky charm; whoever gives one will prosper!

9 Love prospers when a fault is forgiven, but dwelling on it separates close friends.

10 A single rebuke does more for a person of understanding than a hundred lashes on the back of a fool.

11 Evil people are eager for rebellion, but they will be severely punished.

12 It is safer to meet a bear robbed of her cubs than to confront a fool caught in foolishness.

13 If you repay good with evil, evil will never leave your house.

14 Starting a quarrel is like opening a floodgate, so stop before a dispute breaks out.

15 Acquitting the guilty and condemning the innocent–both are detestable to the LORD.

16 It is senseless to pay to educate a fool, since he has no heart for learning.

17 A friend is always loyal, and a brother is born to help in time of need.

---

eloquent [éləkwənt](17:7) 웅변의
even less ~(17:7) 하물며 더 ~하지 않다
charm [ʧɑːrm](17:8) 마력, 요술
dwell on(17:9) 머뭇거리다
rebuke [ribjúːk](17:10) 훈계, 책망
lash [læʃ](17:10) 채찍질
be eager for ~(17:11) ~을 열망(갈망)하다

robbed of ~(17:12) ~을 빼앗긴
cub [kʌb](17:12) (짐승의) 새끼
confront [kənfrʌnt](17:12) 대면하다
quarrel [kwɔ́ːrəl](17:14) (말)다툼
acquit [əkwít](17:15) 사면하다, 무죄로 하다
have no heart for ~(17:16) ~에 전혀 관심이 없다
loyal [lɔ́iəl](17:17) 충성스러운, 충실한

7

8

9

10

11

12

13

14

15

16

17

18 지혜롭지 못한 사람은 남의 보증을 서 주고, 자기 이웃의 보증인이 된다.

19 다툼을 좋아하는 자는 죄를 사랑하는 자이며, 높은 문을 만드는 자는 파괴를 구하는 자이다.

20 마음이 비뚤어진 사람은 형통하지 못하고, 그 혀로 남을 해치는 말을 하는 자는 재앙에 빠진다.

21 어리석은 자를 자식으로 둔 자는 근심하고, 바보 자식을 둔 아버지에게는 도대체 즐거움이 없다.

22 마음이 즐거우면 신체가 건강하나, 영이 상하면 뼈가 마른다.

23 악인은 은밀히 뇌물을 받고 재판을 잘못되게 한다.

24 명철한 자는 늘 지혜를 바라보나, 어리석은 자의 두 눈은 땅 끝을 헤맨다.

25 어리석은 자식은 그의 아버지에게 근심을 주고 어머니에게는 고통을 안겨 준다.

26 죄가 없는 자를 처벌하는 것이나, 존귀한 사람을 정직하다고 해서 때리는 것은 옳지 않다.

27 지식이 있는 사람은 말을 신중히 사용하고, 명철한 사람은 감정을 잘 조절한다.

28 바보라도 침묵하면 지혜롭게 보이고, 입술을 다물면 지성인으로 여겨진다.

18 It's poor judgment to guarantee another person's debt or put up security for a friend.

19 Anyone who loves to quarrel loves sin; anyone who trusts in high walls invites disaster.

20 The crooked heart will not prosper; the lying tongue tumbles into trouble.

21 It is painful to be the parent of a fool; there is no joy for the father of a rebel.

22 A cheerful heart is good medicine, but a broken spirit saps a person's strength.

23 The wicked take secret bribes to pervert the course of justice.

24 Sensible people keep their eyes glued on wisdom, but a fool's eyes wander to the ends of the earth.

25 Foolish children bring grief to their father and bitterness to the one who gave them birth.

26 It is wrong to punish the godly for being good or to flog leaders for being honest.

27 A truly wise person uses few words; a person with understanding is even-tempered.

28 Even fools are thought wise when they keep silent; with their mouths shut, they seem intelligent.

---

guarantee [gærəntí:](17:18) 보증하다
crooked [krúkid](17:20) 비뚤어진
tumble [tʌmbl](17:20) 넘어지다
a broken spirit(17:22) 상한 심령
sap [sæp](17:22) (체력 등을) 점차 약화시키다
pervert [pərvə́:rt](17:23) 왜곡하다
sensible [sénsəbl](17:24) 분별력 있는

keep one's eyes glued on ~(17:24) ~를 뚫어지게 바라보다
bring grief to ~(17:25) ~을 불행하게 하다, 고통을 주다
bitterness [bítərnis](17:25) 쓰라림, 비통
flog [flag](17:26) 채찍질하다
even-tempered(17:27) 마음이 안정된, 침착한
keep silent(17:28) 침묵하다
intelligent [intélədʒənt](17:28) 지적인, 총명한

18

19

20

21

22

23

24

25

26

27

28

18 이기적인 자는 자기만 생각하고, 남의 도움을 무시한다.

2 어리석은 자는 명철에 도무지 관심이 없고, 자기 생각만 떠벌린다.

3 죄를 지으면 멸시를 당하고, 수치와 불명예까지 따라온다.

4 사람의 말은 깊은 물과 같고, 지혜의 샘은 쉬지 않고 흐르는 시내와 같다.

5 범죄자 편을 들어서, 무고한 사람을 죄 있다고 재판하는 것은 옳지 않다.

6 어리석은 자의 입술은 분쟁을 일으키고, 그의 입은 매를 자초한다.

7 어리석은 자의 입은 그를 파멸로 이끌고, 그의 입술은 자기에게 올무가 된다.

8 고자질은 맛있는 음식 같아서 마음 깊이 남는다.

9 자기 일을 게을리하는 자는 멸망하는 자의 형제이다.

10 여호와의 이름은 강력한 망대 같아서 그리로 피하는 의인은 안전하다.

11 부자들의 재물은 자기들에게 요새와 같다. 저들은 재물이 자기들을 보호해 줄 거라고 믿는다.

12 마음의 교만은 멸망의 선봉장이요, 겸손은 존귀의 앞잡이다.

18 Unfriendly people care only about themselves; they lash out at common sense.

2 Fools have no interest in understanding; they only want to air their own opinions.

3 Doing wrong leads to disgrace, and scandalous behavior brings contempt.

4 Wise words are like deep waters; wisdom flows from the wise like a bubbling brook.

5 It is not right to acquit the guilty or deny justice to the innocent.

6 Fools' words get them into constant quarrels; they are asking for a beating.

7 The mouths of fools are their ruin; they trap themselves with their lips.

8 Rumors are dainty morsels that sink deep into one's heart.

9 A lazy person is as bad as someone who destroys things.

10 The name of the Lord is a strong fortress; the godly run to him and are safe.

11 The rich think of their wealth as a strong defense; they imagine it to be a high wall of safety.

12 Haughtiness goes before destruction; humility

---

care about ~(18:1) ~에 관심을 가지다
lash out(18:1) 공격하다, 배척하다
air [εər](18:2) (의견을) 발표하다
scandalous [skǽndləs](18:3) 수치스러운, 치사한
contempt [kəntémpt](18:3) 경멸, 치욕
bubble [bʌbl](18:4) (샘이) 보글보글 솟다
brook [bruk](18:4) 시내

acquit [əkwít](18:5) 사면하다, 무죄로 하다
dainty [déinti](18:8) 맛 좋은
morsel [mɔ́:rsəl](18:8) 맛있는 음식
think of ⋯ as ~(18:11) ⋯를 ~로 간주하다
haughtiness [hɔ́:tinis](18:12) 거만, 오만
humility [hju:míləti](18:12) 겸손
precede [prisí:d](18:12) 앞서다

18

2

3

4

5

6

7

8

9

10

11

12

13 듣기 전에 대답하는 자는 미련하여 수치를 당한다.

14 사람의 영이 병을 이기게 하는데, 영이 상하면 어떻게 할 수 있을까?

15 명철한 자의 마음은 지식을 얻고, 지혜자의 귀는 지식을 찾는다.

16 선물을 주는 자는 그 앞길이 열려서, 중요한 사람 앞으로 나아가게 될 것이다.

17 재판에서 원고의 말이 옳은 듯해도, 피고가 오면 사정이 달라진다.

18 제비를 뽑아 분쟁을 해결하고, 서로 싸우는 둘 사이를 판결할 수 있다.

19 모욕을 당한 형제의 마음은 요새보다 정복하기 어렵고, 다툼은 요새의 빗장같이 마음을 닫게 한다.

20 말은 음식이 배를 채워 주는 것처럼 그 영혼을 만족시킨다. 곧 입술의 바른 말이 사람을 만족시킨다.

21 혀는 살리기도, 죽이기도 하는 힘을 가졌으니, 혀를 놀리기 좋아하는 자는 그 대가를 받을 것이다.

22 아내를 찾은 자는 행복을 찾은 자요, 여호와께 은총을 입은 자이다.

23 가난한 자는 긍휼을 구하나, 부자는 거만하게 말할 뿐이다.

precedes honor.

13 Spouting off before listening to the facts is both shameful and foolish.

14 The human spirit can endure a sick body, but who can bear a crushed spirit?

15 Intelligent people are always ready to learn. Their ears are open for knowledge.

16 Giving a gift can open doors; it gives access to important people!

17 The first to speak in court sounds right–until the cross-examination begins.

18 Flipping a coin can end arguments; it settles disputes between powerful opponents.

19 An offended friend is harder to win back than a fortified city. Arguments separate friends like a gate locked with bars.

20 Wise words satisfy like a good meal; the right words bring satisfaction.

21 The tongue can bring death or life; those who love to talk will reap the consequences.

22 The man who finds a wife finds a treasure, and he receives favor from the LORD.

23 The poor plead for mercy; the rich answer with insults.

---

spout off (18:13) 거침없이 말하다, 무책임하게 지껄여대다
endure [indjúər] (18:14) 견디다
give access to ~ (18:16) ~에게 접근(출입)을 허락하다
cross-examination [krɔ́(ː)sigzæmənéiʃən] (18:17) 반대 심문
flip a coin (18:18) (앞뒤를 정하기 위해) 동전을 튀겨 올리다
settle dispute (18:18) 분쟁을 (최종적으로) 해결하다
opponent [əpóunənt] (18:18) 반대자, 적수

offended [əféndid] (18:19) 성난, 기분 상한
win back (18:19) (이겨서) 되찾다
a fortified city (18:19) 견고한 성
reap [riːp] (18:21) 획득하다, 거둬들이다
consequence [kánsəkwèns] (18:21) 결과
plead for ~ (18:23) ~를 간청하다
insult [insʌlt] (18:23) 모욕

13

14

15

16

17

18

19

20

21

22

23

24 친구인 척하는 자도 많지만, 어떤 친구는 형제보다 낫다.

19 흠없이 행하는 가난한 사람을 입술이 사악하고 어리석은 사람에게 비길 것인가?

2 지식 없는 열심은 위험하고, 조급히 일을 처리하면 그르친다.

3 자기의 미련 때문에 망하고서도 마음으로 여호와를 원망한다.

4 부유하면 친구가 많지만, 가난한 사람의 친구는 그를 버린다.

5 거짓 증인은 처벌을 면치 못하고, 거짓말을 내뱉는 자 역시 벌을 피하기 어렵다.

6 너그러운 사람에게는 은혜를 구하는 자가 많고, 선물을 주는 자에게는 누구나 가까이 가려 한다.

7 가난하면 친척들도 멀리하니 친구들이야 말할 것도 없다. 사정해도 친구들은 달아날 뿐이다.

8 지혜를 얻는 자는 자기를 사랑하는 자이며, 명철을 귀히 여기는 자는 형통할 것이다.

9 거짓 증인은 처벌을 면치 못하고, 거짓말을 내뱉는 자도 망할 것이다.

10 어리석은 자의 사치가 옳지 못하듯, 종이 주인을 다스리는 것도 옳지 못하다.

24 There are "friends" who destroy each other, but a real friend sticks closer than a brother.

19 Better to be poor and honest than to be dishonest and a fool.

2 Enthusiasm without knowledge is no good; haste makes mistakes.

3 People ruin their lives by their own foolishness and then are angry at the LORD.

4 Wealth makes many "friends"; poverty drives them all away.

5 A false witness will not go unpunished, nor will a liar escape.

6 Many seek favors from a ruler; everyone is the friend of a person who gives gifts!

7 The relatives of the poor despise them; how much more will their friends avoid them!
Though the poor plead with them, their friends are gone.

8 To acquire wisdom is to love yourself; people who cherish understanding will prosper.

9 A false witness will not go unpunished, and a liar will be destroyed.

10 It isn't right for a fool to live in luxury or for a slave to rule over princes!

---

stick [stik](18:24) 붙어 있다
enthusiasm [inθúːziæzm](19:2) 열의, 의욕
haste [heist](19:2) 조급, 성급
be angry at ~(19:3) ~에게 화내다
poverty [pάvərti](19:4) 빈곤, 가난
drive away(19:4) 몰아내다, 쫓아내다
go unpunished(19:5) 벌받지 않다

relative [rélətiv](19:7) 친척
despise [dispáiz](19:7) 경멸하다, 멸시하다
how much more ~(19:7) 하물며 ~하지 않겠는가
plead with ~(19:7) ~에게 간청하다
acquire [əkwáiər](19:8) 획득하다, 얻다
cherish [ʧériʃ](19:8) 소중히 하다
rule over ~(19:10) ~을 다스리다

24

19

2

3

4

5

6

7

8

9

10

11 슬기로운 사람은 쉽게 화내지 않으며, 허물을 덮어 주어 자신의 영광으로 삼는다.

12 왕의 노함은 사자의 부르짖음 같고, 그의 은총은 풀에 내리는 이슬 같다.

13 어리석은 아들은 그 부친을 망하게 하고, 다투는 아내는 계속 떨어지는 빗방울과 같다.

14 집과 재물은 부모에게서 상속받지만, 슬기로운 아내는 여호와께서 주신다.

15 게으름은 사람을 깊은 잠에 빠지게 하고, 게으른 사람은 굶주린다.

16 교훈에 순종하는 사람은 자기 생명을 지키나, 말씀대로 살지 않는 사람은 죽을 것이다.

17 가난한 자에게 베푸는 일은 여호와께 빌려 드리는 것이니, 그분이 후하게 보상하신다.

18 아직 희망이 있을 때에 자식을 징계하여라. 그가 망할 때까지 내버려 두지 마라.

19 성미가 조급한 사람은 화를 자초하여, 건져 주어도 또 같은 잘못을 저지른다.

20 조언을 듣고 교훈에 순종하여라. 그러면 마침내 지혜롭게 될 것이다.

21 사람의 마음에는 많은 계획이

11 Sensible people control their temper; they earn respect by overlooking wrongs.

12 The king's anger is like a lion's roar, but his favor is like dew on the grass.

13 A foolish child is a calamity to a father; a quarrelsome wife is as annoying as constant dripping.

14 Fathers can give their sons an inheritance of houses and wealth, but only the LORD can give an understanding wife.

15 Lazy people sleep soundly, but idleness leaves them hungry.

16 Keep the commandments and keep your life; despising them leads to death.

17 If you help the poor, you are lending to the LORD–and he will repay you!

18 Discipline your children while there is hope. Otherwise you will ruin their lives.

19 Hot-tempered people must pay the penalty. If you rescue them once, you will have to do it again.

20 Get all the advice and instruction you can, so you will be wise the rest of your life.

21 You can make many plans, but the LORD's

---

control one's temper(19:11) 화를 참다
overlook [ou'vərlu,k](19:11) 너그럽게 봐주다
roar [rɔːr](19:12) 으르렁거림, 포효
calamity [kəlǽməti](19:13) 재난, 불행
quarrelsome [kwɔ́ːrəlsəm](19:13) 싸우기 좋아하는
annoying [ənɔ́iiŋ](19:13) 성가신, 귀찮은
dripping [drípiŋ](19:13) 떨어지는 물방울

soundly [sáundli](19:15) 푹, 깊이
idleness [áidlnis](19:15) 게으름, 나태
lend to ～(19:17) ～에게 꾸어주다
otherwise [ʌ́ðərwàiz](19:18) 만약 그렇지 않으면
hot-tempered [hǽttémpərd](19:19) 성급한, 화 잘 내는
penalty [pénəlti](19:19) 벌, 응보
prevail [privéil](19:21) 우세하다, 압도하다

11

12

13

14

15

16

17

18

19

20

21

있지만, 결국 여호와의 뜻대로 성취
된다.

22 사람이 바라는 것은 변함 없는 사랑
이다. 거짓말을 하는 것보다는 가난
함이 낫다.

23 여호와를 경외하면 형통하고, 만족
감을 얻으며, 재난을 피한다.

24 게으른 사람은 손을 밥그릇에 얹고
도, 자기 입에 집어 넣기를 귀찮아한
다.

25 거만한 자를 매질하여라. 그러면 미
련한 자가 깨닫게 될 것이다. 명철한
자를 책망하여라. 그러면 그가 지식
을 얻을 것이다.

26 자기 아버지를 구박하고 자기 어머
니를 쫓아내는 자식은, 수치와 부끄
러움의 자식이다.

27 내 아들아, 교훈을 듣지 않으면, 결
국 너는 지식의 말씀에서 벗어날 것
이다.

28 악한 증인은 법을 비웃고, 악인의
입은 죄를 물 마시듯 한다.

29 징계는 거만한 자들을 위한 것이요,
매는 어리석은 자들에게 필요한 것
이다.

20 포도주를 마시면 우쭐해지고, 독주
를 마시면 싸움질을 한다. 이것들에
빠진 자는 지혜가 없다.

2 왕의 진노는 사자의 부르짖음과 같
고, 왕을 화나게 하면 생명을 잃는

purpose will prevail.

22 Loyalty makes a person attractive. It is better to be poor than dishonest.

23 Fear of the LORD leads to life, bringing security and protection from harm.

24 Lazy people take food in their hand but don't even lift it to their mouth.

25 If you punish a mocker, the simpleminded will learn a lesson; if you correct the wise, they will be all the wiser.

26 Children who mistreat their father or chase away their mother are an embarrassment and a public disgrace.

27 If you stop listening to instruction, my child, you will turn your back on knowledge.

28 A corrupt witness makes a mockery of justice; the mouth of the wicked gulps down evil.

29 Punishment is made for mockers, and the backs of fools are made to be beaten.

20 Wine produces mockers; alcohol leads to brawls. Those led astray by drink cannot be wise.

2 The king's fury is like a lion's roar; to rouse

---

attractive [ətrǽktiv](19:22) 마음을 끄는

security [sikjúərəti](19:23) 안전

mocker [mάkər](19:25) 조롱하는 사람

simpleminded(19:25) 어리석은, 미련한

mistreat [mistríːt](19:26) 학대하다, 구박하다

chase away(19:26) 쫓아내다

embarrassment [imbǽrəsmənt](19:26) 부끄러움

turn one's back on ~(19:27) ~에게 등을 돌리다, 저버리다

corrupt [kərʌ́pt](19:28) 타락한, 악한

make a mockery of ~(19:28) ~을 비웃다

gulp down(19:28) 꿀꺽꿀꺽 (급하게) 마시다

brawl [brɔːl](20:1) 말다툼

lead astray(20:1) 나쁜 길로 인도하다

rouse [rauz](20:2) (감정을) 일으키다, 격발시키다

22

23

24

25

26

27

28

29

20

2

다.

3 다툼을 피하는 것은 영예로운 일이나, 미련한 자는 조급히 싸우려 든다.

4 게으른 사람은 농사철에 쟁기질을 안 하니, 추수 때에 거두려고 해도 거둘 것이 없다.

5 사람의 마음에 세운 계획들은 깊은 물과 같지만, 명철한 사람은 그것도 알아챈다.

6 사람들은 저마다 자기가 신실하다고 하지만, 누가 신실한 사람을 찾을 수 있을까?

7 의인은 흠 없는 삶을 살고, 그의 후손들은 복되다.

8 판사 자리에 앉은 왕은 죄인을 한눈에 알아본다.

9 "나는 마음이 깨끗하다, 나는 정결하여 죄가 없다"고 주장할 사람이 있겠는가?

10 정확하지 않은 저울추나 되들은 여호와께서 미워하신다.

11 아이일지라도 그 행동으로 자신들의 깨끗함과 옳음을 나타낸다.

12 듣는 귀와 보는 눈은 모두 여호와께서 만드셨다.

13 잠자기를 좋아하면 가난해진다. 깨어 있어라. 그러면 쌓아둘 양식이 생길 것이다.

his anger is to risk your life.

3 Avoiding a fight is a mark of honor; only fools insist on quarreling.

4 Those too lazy to plow in the right season will have no food at the harvest.

5 Though good advice lies deep within the heart, a person with understanding will draw it out.

6 Many will say they are loyal friends, but who can find one who is truly reliable?

7 The godly walk with integrity; blessed are their children who follow them.

8 When a king sits in judgment, he weighs all the evidence, distinguishing the bad from the good.

9 Who can say, "I have cleansed my heart; I am pure and free from sin"?

10 False weights and unequal measures–the LORD detests double standards of every kind.

11 Even children are known by the way they act, whether their conduct is pure, and whether it is right.

12 Ears to hear and eyes to see–both are gifts from the LORD.

13 If you love sleep, you will end in poverty. Keep your eyes open, and there will be plenty to eat!

---

insist on ~(20:3) ~을 주장하다

quarrel [kwɔ́:rəl](20:3) 싸움

plow [plau](20:4) 밭을 갈다

harvest [há:rvist](20:4) 추수기, 수확기

draw ~ out(20:5) ~을 밖으로 이끌어내다

reliable [riláiəbl](20:6) 확실한, 믿을 수 있는

integrity [intégrəti](20:7) 완전, 흠 없음

evidence [évədəns](20:8) 증거

distinguish … from ~(20:8) …를 ~와 구분하다

free from ~(20:9) ~이 없는

detest [ditést](20:10) 혐오하다

end in ~(20:13) 결국 ~로 끝나다

poverty [pávərti](20:13) 빈곤, 가난

plenty [plénti](20:13) 풍부, 풍요

3

4

5

6

7

8

9

10

11

12

13

14 물건을 살 때는 "이것도 별로군요, 저것도 별로군요"라고 하지만, 산 다음에는 자기가 산 물건을 자랑한다.

15 세상에는 금과 귀한 보석들이 많지만, 지식을 말하는 입이 가장 귀한 보물이다.

16 타인을 위해 보증 서는 사람의 의복을 취하여라. 다른 지방 사람을 위해 보증 섰다면 꼭 그 사람을 잡아 두어라.

17 속여서 얻은 음식은 정말 맛있는 것 같지만, 나중에는 입 안에 자갈이 가득할 것이다.

18 조언을 듣고 계획을 세워라. 전쟁을 하려면 지혜로운 조언을 들어라.

19 수다쟁이는 비밀을 누설하니 피하여라.

20 자기 부모를 저주하는 자의 등불은 캄캄함 중에 꺼질 것이다.

21 일확천금은 결과적으로 복이 되지 아니한다.

22 "내가 이 모욕을 갚으리라"고 말하지 말고, 여호와를 기다려라. 그러면 그분이 너를 구원해 주실 것이다.

23 속이는 저울추는 여호와께서 미워하신다. 부정확한 저울들도 좋아하지 않으신다.

24 사람의 가는 길을 여호와께서 인도하시니, 사람이 어찌 자기 앞길을 알랴!

14 The buyer haggles over the price, saying, "It's worthless," then brags about getting a bargain!

15 Wise words are more valuable than much gold and many rubies.

16 Get security from someone who guarantees a stranger's debt. Get a deposit if he does it for foreigners.

17 Stolen bread tastes sweet, but it turns to gravel in the mouth.

18 Plans succeed through good counsel; don't go to war without wise advice.

19 A gossip goes around telling secrets, so don't hang around with chatterers.

20 If you insult your father or mother, your light will be snuffed out in total darkness.

21 An inheritance obtained too early in life is not a blessing in the end.

22 Don't say, "I will get even for this wrong." Wait for the LORD to handle the matter.

23 The LORD detests double standards; he is not pleased by dishonest scales.

24 The LORD directs our steps, so why try to understand everything along the way?

---

haggle [hǽgl](20:14) 값을 깎으려고 조르다
brag about ~(20:14) ~을 자랑하다
valuable [vǽljuəbl](20:15) 귀중한
get security from ~(20:16) ~의 것을 저당 잡다
get a deposit(20:16) 보증금을 받다
gravel [grǽvəl](20:17) 자갈, 모래
hang around with ~(20:19) ~와 사귀다

chatterer [ʧǽtərər](20:19) 수다쟁이
insult [insʌ́lt](20:20) 모욕하다
snuff out(20:20) (불이) 꺼지다
inheritance [inhérətəns](20:21) 유산
obtain [əbtéin](20:21) 얻다
in the end(20:21) 결국
get even for ~(20:22) ~에 대해 앙갚음하다

14
_____

_____

15
_____

_____

16
_____

_____

17
_____

18
_____

19
_____

20
_____

21
_____

22
_____

23
_____

24
_____

25 조급하게 "이것을 주님께 바치리라"고 서원하면, 나중에 후회할 수 있다.

26 지혜로운 왕은 죄인을 분별해 내니, 탈곡기에 그들을 돌리는 것과 같다.

27 여호와의 등불이 사람의 영을 비추니, 그것이 사람의 마음속을 드러낸다.

28 왕은 변하지 않는 사랑과 신실함으로 강대해지고, 사랑을 통해 왕위가 견고해진다.

29 젊은이의 영광은 그 힘이지만, 노인의 영광은 백발이다.

30 상처를 입히도록 때려야 죄를 저지를 생각을 안 하고, 매질은 마음속까지 청소한다.

21 왕의 마음이 여호와의 손 안에 있다. 그분은 자기 원하시는 대로 물길처럼 그 마음을 바꾸신다.

2 사람의 모든 행위가 자기에게 옳게 여겨져도, 여호와께서는 마음을 살피신다.

3 의로운 생활이 형식적인 제사보다 여호와를 기쁘시게 한다.

4 거만한 두 눈과 교만한 마음, 악인의 형통한 것 등은 모두 하나님의 뜻에 어긋난다.

5 부지런한 자의 계획은 부유하게 만들지만, 조급한 행동은 궁핍함

25 Don't trap yourself by making a rash promise to God and only later counting the cost.

26 A wise king scatters the wicked like wheat, then runs his threshing wheel over them.

27 The LORD's light penetrates the human spirit, exposing every hidden motive.

28 Unfailing love and faithfulness protect the king; his throne is made secure through love.

29 The glory of the young is their strength; the gray hair of experience is the splendor of the old.

30 Physical punishment cleanses away evil; such discipline purifies the heart.

21 The king's heart is like a stream of water directed by the LORD; he guides it wherever he pleases.

2 People may be right in their own eyes, but the LORD examines their heart.

3 The LORD is more pleased when we do what is right and just than when we offer him sacrifices.

4 Haughty eyes, a proud heart, and evil actions are all sin.

5 Good planning and hard work lead to

---

trap [træp](20:25) 덫에 걸리게 하다
rash [ræʃ](20:25) 성급한, 조급한
thresh [θreʃ](20:26) 타작하다
penetrate [pénətrèit](20:27) 통찰하다, 꿰뚫어보다
expose [ikspóuz](20:27) 드러내다
splendor [spléndər](20:29) 빛남, 광채
punishment [pʌníʃmənt](20:30) 형벌

cleanse [klenz](20:30) 정화하다, 깨끗하게 하다
haughty [hɔ́:ti](21:4) 거만한
proud [praud](21:4) 교만한, 잘난 체하는
prosperity [prɑspérəti](21:5) 번영, 부유
hasty [héisti](21:5) 성급한
shortcut [ʃɔ́ːrtkə̀t](21:5) 지름길
poverty [pɑ́vərti](21:5) 빈곤, 가난

25

26

27

28

29

30

21

2

3

4

5

만 가져온다.

6 거짓된 혀로 모은 재산은 흩어지는 수증기 같고, 죽음을 불러오는 함정이다.

7 악인은 난폭하게 굴다 다친다. 왜냐하면 저들은 올바르게 살려하지 않기 때문이다.

8 범죄자의 길은 비뚤지만, 죄 없는 자의 행동은 곧다.

9 옥상 한 구석에 사는 것이, 다투는 여인과 함께 집에 사는 것보다 낫다.

10 악인은 늘 범죄할 궁리를 하니, 그 이웃까지 무자비하게 희생시킨다.

11 거만한 자가 처벌을 당하면 미련한 자가 지혜를 얻고, 지혜자가 교훈을 받으면 지식을 얻는다.

12 의로우신 분은 악인의 집을 주목하시고, 악인을 멸망시키신다.

13 가난한 자의 부르짖음에 귀를 막으면, 자기가 부르짖을 때에 응답을 받지 못할 것이다.

14 은밀하게 건네 준 선물은 노를 풀게 하고, 옷에 숨겨 전달된 뇌물은 화를 그치게 한다.

15 법을 올바로 시행하면, 의인은 기뻐하고 악한 자는 두려워한다.

16 명철한 자의 길에서 떠난 자는

prosperity, but hasty shortcuts lead to poverty.

6 Wealth created by a lying tongue is a vanishing mist and a deadly trap.

7 The violence of the wicked sweeps them away, because they refuse to do what is just.

8 The guilty walk a crooked path; the innocent travel a straight road.

9 It's better to live alone in the corner of an attic than with a quarrelsome wife in a lovely home.

10 Evil people desire evil; their neighbors get no mercy from them.

11 If you punish a mocker, the simpleminded become wise; if you instruct the wise, they will be all the wiser.

12 The Righteous One knows what is going on in the homes of the wicked; he will bring disaster on them.

13 Those who shut their ears to the cries of the poor will be ignored in their own time of need.

14 A secret gift calms anger; a bribe under the table pacifies fury.

15 Justice is a joy to the godly, but it terrifies evildoers.

16 The person who strays from common sense will

---

vanishing [vǽniʃiŋ](21:6) 사라지는
crooked [krúkid](21:8) 비뚤어진
attic [ǽtik](21:9) 다락(방)
quarrelsome [kwɔ́:rəlsəm](21:9) 싸우기 좋아하는
get mercy from ～(21:10) ～의 은혜를 입다
punish [pʌ́niʃ](21:11) 벌하다
shut one's ears to ～(21:13) ～를 못들은 체하다

calm [ka:m](21:14) (화를) 가라앉히다
bribe [braib](21:14) 뇌물
pacify [pǽsəfài](21:14) 진정시키다
terrify [térəfài](21:15) 두렵게 하다
evildoer [i'vəldu,ər](21:15) 악인
stray from ～(21:16) ～에서 떠나다, 빗나가다
common sense(21:16) 상식

6

7

8

9

10

11

12

13

14

15

16

죽은 자들 가운데 이를 것이다.

17 쾌락을 좋아하는 자는 궁핍해지고, 술과 기름을 탐하는 자는 결코 부자가 되지 못한다.

18 악인은 의인을 구하기 위해 주어지고, 사기꾼은 정직한 자를 구하기 위해 사용될 것이다.

19 따지고 바가지 긁는 아내와 함께 사는 것보다, 사막에 홀로 사는 것이 낫다.

20 지혜 있는 자의 집에는 귀한 보배와 기름이 있으나, 어리석은 자는 가진 모든 것을 삼켜 버린다.

21 의롭고 신실하게 사는 사람은 형통하고, 번창하고, 영예를 얻는다.

22 지혜로운 사람은 용사가 지키는 성을 공격하여 저들이 의지하는 요새를 허물어 버린다.

23 자기 입과 혀를 지키는 사람은 재난에서 자신을 지킨다.

24 교만하고 거만한 사람을 비웃는 자라고 부르니, 이는 그가 아주 거만하게 행동하기 때문이다.

25 게으름뱅이는 손으로 일할 생각은 안 하고 꿈만 꾸다 죽고 만다.

26 어떤 사람은 하루 종일 욕심만 부리지만, 의인은 아낌없이 베푼다.

27 악인의 제물은 가증한데, 악한 동기로 바치는 경우라면 더욱 그렇다.

end up in the company of the dead.

17 Those who love pleasure become poor; those who love wine and luxury will never be rich.

18 The wicked are punished in place of the godly, and traitors in place of the honest.

19 It's better to live alone in the desert than with a quarrelsome, complaining wife.

20 The wise have wealth and luxury, but fools spend whatever they get.

21 Whoever pursues righteousness and unfailing love will find life, righteousness, and honor.

22 The wise conquer the city of the strong and level the fortress in which they trust.

23 Watch your tongue and keep your mouth shut, and you will stay out of trouble.

24 Mockers are proud and haughty; they act with boundless arrogance.

25 Despite their desires, the lazy will come to ruin, for their hands refuse to work.

26 Some people are always greedy for more, but the godly love to give!

27 The sacrifice of an evil person is detestable, especially when it is offered with wrong motives.

---

traitor [tréitər](21:18) 반역자, 배반자
quarrelsome [kwɔ́:rəlsəm](21:18) 싸우기 좋아하는
pursue [pərsú:](21:21) 쫓다, 추구하다
righteousness [ráitʃəsnis](21:21) 정직, 고결
conquer [kánkər](21:22) 정복하다
level [lévəl](21:22) (건물을) 쓰러뜨리다, 무너뜨리다
mocker [mákər](21:24) 조롱하는 사람

haughty [hɔ́:ti](21:24) 오만한
boundless [báundlis](21:24) 무한한
arrogance [ǽrəgəns](21:24) 거만, 불손
come to ruin(21:25) 망하다, 황폐하다
be greedy for ~(21:26) ~을 탐내다
sacrifice [sǽkrəfàis](21:27) 희생, 제물
detestable [ditéstəbl](21:27) 혐오스러운, 몹시 싫은

17

18

19

20

21

22

23

24

25

26

27

28 거짓 증인은 망하고, 그의 말을 듣는 자도 영원히 망할 것이다.

29 악인은 뻔뻔스럽게 행동하지만, 정직한 사람은 신중히 행동한다.

30 여호와를 거스르는 것은 그 어떤 지혜, 통찰력, 계획으로도 성공하지 못한다.

31 전쟁을 대비하여 말을 준비해도, 승리는 여호와께 달려 있다.

22 명예가 많은 재물보다 귀하고, 좋은 평판이 금은보화보다 훨씬 낫다.

2 부자와 가난한 자가 섞여 사니, 여호와께서 그들 모두를 만드셨다.

3 슬기로운 사람은 위험을 보면 피하나, 미련한 자는 제 발로 들어가 화를 당한다.

4 사람이 겸손히 여호와를 경외하면 재물과 영예와 생명을 얻는다.

5 사악한 사람의 길에는 도처에 가시와 함정이 있지만, 자기를 지키는 자는 그런 것들을 피한다.

6 아이에게 올바른 길을 가르쳐라. 그러면 늙어서도 그 길을 떠나지 않을 것이다.

7 부자는 가난한 자를 다스리고, 빚진 자는 꾸어 준 자의 종이다.

28 A false witness will be cut off, but a credible witness will be allowed to speak.

29 The wicked bluff their way through, but the virtuous think before they act.

30 No human wisdom or understanding or plan can stand against the Lord.

31 The horse is prepared for the day of battle, but the victory belongs to the Lord.

22 Choose a good reputation over great riches; being held in high esteem is better than silver or gold.

2 The rich and poor have this in common: The Lord made them both.

3 A prudent person foresees danger and takes precautions. The simpleton goes blindly on and suffers the consequences.

4 True humility and fear of the Lord lead to riches, honor, and long life.

5 Corrupt people walk a thorny, treacherous road; whoever values life will avoid it.

6 Direct your children onto the right path, and when they are older, they will not leave it.

7 Just as the rich rule the poor, so the borrower is servant to the lender.

---

bluff [blʌf](21:29) 허세부리다
virtuous [və́:rtʃuəs](21:29) 순결한, 정숙한
stand against ~(21:30) ~에 맞서다, 반대하다
reputation [rèpjutéiʃən](22:1) 평판
esteem [istí:m](22:1) 존경
in common(22:2) 공동으로
prudent [prú:dnt](22:3) 신중한, 분별 있는

foresee [fɔrsi'](22:3) 예견하다, 내다보다
take precautions(22:3) 경계하다
blindly [bláindli](22:3) 맹목적으로
consequence [kánsəkwèns](22:3) 결과
corrupt [kərʌ́pt](22:5) 타락한
thorny [θɔ́:rn](22:5) 가시가 많은
treacherous [trétʃərəs](22:5) 위험한

28

29

30

31

22

2

3

4

5

6

7

8 악을 행하는 자는 재난을 거두고, 그런 자의 분노는 쇠약해진다

9 남을 동정하는 사람은 축복을 받으리니, 가난한 자와 자기 음식을 나누기 때문이다.

10 거만한 자를 쫓아내어라. 그러면 분쟁과 다툼과 모욕이 그칠 것이다.

11 정결한 마음을 사랑하는 자, 그 말이 은혜로운 자는 왕의 친구가 될 것이다.

12 여호와의 눈은 지식 있는 자를 지키시나, 사기꾼의 말은 패하게 하신다.

13 게으른 사람은 "사자가 밖에 있으니, 길거리에 나가면 죽을 것이다"라고 말한다.

14 창녀의 입은 깊은 구덩이와 같으니, 여호와의 진노를 받는 자는 그곳에 떨어질 것이다.

15 어린이의 마음에는 미련이 담겨 있다. 징계의 채찍으로 때리면 없앨 수 있다.

16 자기 재산을 늘리려고 가난한 자를 학대하는 자와 부자에게 뇌물을 바치는 자는 모두 가난에 떨어질 것이다.

들어야 될 지혜 있는 자의 말

17 귀를 기울여 지혜자의 말을 들어라. 나의 교훈을 네 마음에 두어라.

18 그것들을 네 마음속에 간직하여,

8 Those who plant injustice will harvest disaster, and their reign of terror will come to an end.

9 Blessed are those who are generous, because they feed the poor.

10 Throw out the mocker, and fighting goes, too. Quarrels and insults will disappear.

11 Whoever loves a pure heart and gracious speech will have the king as a friend.

12 The LORD preserves those with knowledge, but he ruins the plans of the treacherous.

13 The lazy person claims, "There's a lion out there! If I go outside, I might be killed!"

14 The mouth of an immoral woman is a dangerous trap; those who make the LORD angry will fall into it.

15 A youngster's heart is filled with foolishness, but physical discipline will drive it far away.

16 A person who gets ahead by oppressing the poor or by showering gifts on the rich will end in poverty.

Sayings of the Wise

17 Listen to the words of the wise; apply your heart to my instruction.

18 For it is good to keep these sayings in your

generous [dʒénərəs](22:9) 관대한
throw out(22:10) 내던지다, 뿌리째 뽑다
mocker [mákər](22:10) 조롱하는 사람
quarrel [kwɔ́:rəl](22:10) 싸움
preserve [prizə́:rv](22:12) 보호하다
treacherous [trétʃərəs](22:12) 배반하는
immoral [imɔ́:rəl](22:14) 음란한

fall into ~(22:14) ~에 빠지다
youngster [jʌ́ŋstər](22:15) 젊은이, 어린이
get ahead(22:16) 출세하다, 성공하다
oppress [əprés](22:16) 학대하다, 억압하다
shower … on ~(22:16) ~에게 …를 잔뜩 주다
end in ~(22:16) ~으로 끝나다
saying [séiiŋ](22:18) 격언

8

9

10

11

12

13

14

15

16

Sayings of the Wise

17

18

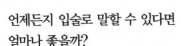

언제든지 입술로 말할 수 있다면 얼마나 좋을까?

19 여호와를 의지하도록 하기 위해 나는 오늘 너에게 특별히 권한다.

20 내가 너에게 모략과 지식의 말씀 서른 가지를 기록해 주었다.

21 바르고 신뢰할 수 있는 말씀으로 너를 가르쳐, 너를 보낸 자에게 올바르게 대답할 수 있게 하였다.

22 가난한 자를 힘 없다고 이용하지 말고, 약한 자를 성문에서 압제하지 마라.

23 여호와께서는 그들의 사정을 듣고, 그들을 학대한 자들을 벌하실 것이다.

24 화풀이 잘하는 사람과 사귀지 말고, 성 잘내는 사람과 사귀지 마라.

25 네가 그의 행위를 본받아 올무에 빠질까 두렵다.

26 너는 타인의 보증을 서지 말고, 타인의 빚 보증인이 되지 마라.

27 네가 갚을 돈이 없으면, 네가 누운 침대마저 차압당할 것이다.

28 네 조상이 세운 밭 울타리를 함부로 옮기지 마라.

29 자기 일에 충실한 사람을 봤느냐? 그런 사람은 하찮은 사람을 섬길 인물이 아니니, 왕을 섬길 것이다.

heart and always ready on your lips.

19 I am teaching you today–yes, you–so you will trust in the LORD.

20 I have written thirty sayings for you, filled with advice and knowledge.

21 In this way, you may know the truth and take an accurate report to those who sent you.

22 Don't rob the poor just because you can, or exploit the needy in court.

23 For the LORD is their defender. He will ruin anyone who ruins them.

24 Don't befriend angry people or associate with hot-tempered people,

25 or you will learn to be like them and endanger your soul.

26 Don't agree to guarantee another person's debt or put up security for someone else.

27 If you can't pay it, even your bed will be snatched from under you.

28 Don't cheat your neighbor by moving the ancient boundary markers set up by previous generations.

29 Do you see any truly competent workers? They will serve kings rather than working for

---

accurate [ǽkjurət](22:21) 정확한
rob [rab](22:22) 강탈하다, 빼앗다
exploit [iksplɔ́it](22:22) 착취하다
needy [níːdi](22:22) 가난한, 궁핍한
defender [diféndər](22:23) 방어(옹호)자
befriend [bifrénd](22:24) (~의) 친구가 되다
associate with ~(22:24) ~과 어울리다

hot-tempered [hǽttémpərd](22:24) 성급한, 화 잘 내는
endanger [indéindʒər](22:25) 위험에 빠뜨리다
guarantee [gærəntíː](22:26) 보증서다
snatch [snætʃ](22:27) 강탈하다, 잡아채다
cheat [tʃiːt](22:28) 속이다, 속여 빼앗다
competent [kámpətənt](22:29) 유능한
ordinary [ɔ́ːrdənèri](22:29) 보통의, 평범한

19

20

21

22

23

24

25

26

27

28

29

23 네가 높은 관리와 함께 식사를 할 때, 네 앞에 무엇이 있는지 잘 보아라.

2 식욕이 일어나거든, 네 목에 칼을 들이대라.

3 그의 진미를 탐하지 마라. 그것은 사람을 속인다.

4 부자가 되려다 건강을 해친다. 분수에 맞게 사는 지혜를 배워라.

5 아무리 재물에 눈독을 들여도, 재물은 날개가 달린 독수리처럼 창공으로 훨훨 날아가 버릴 것이다.

6 구두쇠의 음식은 먹지 말고, 그의 진수성찬을 탐하지 마라.

7 그런 사람은 속으로 '저것이 얼마인데!' 하고 계산한다. "먹고 마시라"고 말은 하겠지만, 마음으로는 아까워한다.

8 네가 조금 먹은 것도 토하겠고, 네가 말한 칭찬도 소용없게 될 것이다.

9 어리석은 자가 듣는 데서 말하지 마라. 그가 네 지혜를 비웃을 것이다.

10 조상들이 세운 밭 울타리를 옮기지 말고, 고아의 밭이라고 야금야금 취하지 마라.

11 그들의 보호자는 힘이 있으니, 그 보호자가 그들의 사정을 듣고 너를 벌할 것이다.

ordinary people.

23 While dining with a ruler, pay attention to what is put before you.

2 If you are a big eater, put a knife to your throat;

3 don't desire all the delicacies, for he might be trying to trick you.

4 Don't wear yourself out trying to get rich. Be wise enough to know when to quit.

5 In the blink of an eye wealth disappears, for it will sprout wings and fly away like an eagle.

6 Don't eat with people who are stingy; don't desire their delicacies.

7 They are always thinking about how much it costs. "Eat and drink," they say, but they don't mean it.

8 You will throw up what little you've eaten, and your compliments will be wasted.

9 Don't waste your breath on fools, for they will despise the wisest advice.

10 Don't cheat your neighbor by moving the ancient boundary markers; don't take the land of defenseless orphans.

11 For their Redeemer is strong; he himself will bring their charges against you.

---

dine [dain](23:1) 식사하다
throat [θrout](23:2) 목구멍
delicacy [délikəsi](23:3) 맛있는 것, 진미
wear out(23:4) (시간을) 허비하다
quit [kwit](23:4) 버리다, 끊다
in the blink of an eye(23:5) 눈 깜짝할 사이에, 순식간에
sprout [spraut](23:5) ~를 내다, 나게 하다

stingy [stíndʒi](23:6) 인색한
throw up(23:8) 토하다, 게워내다
compliment [kámpləmənt](23:8) 칭찬, 찬사
waste one's breath(23:9) 쓸데없는 말을 하다
defenseless [difénslis](23:10) 방어할 수 없는
orphan [ɔ́:rfən](23:10) 고아
redeemer [ridí:mər](23:11) 보호자, 구속자

23

2

3

4

5

6

7

8

9

10

11

12 훈계를 명심하고, 지식의 말씀에 귀를 기울여라.

13 아이에게 회초리를 아끼지 마라. 매질한다고 죽지는 않는다.

14 따끔하게 처벌해서 바로잡아야 아이가 올바르게 될 것이다.

15 내 아들아, 네 마음이 지혜를 깨우친다면, 내가 얼마나 기쁘겠느냐?

16 네 입술이 올바른 것을 말한다면, 내 심장이 얼마나 기뻐하겠느냐?

17 네 마음으로 죄인들을 부러워하지 말고, 언제나 여호와를 경외하여라.

18 그러면 네 앞길이 환하게 열릴 것이고, 네 소망이 끊어지지 않을 것이다.

19 내 아들아, 내 말을 듣고 지혜를 얻어라. 네 마음을 바른 길에 두어라.

20 술이나 고기를 탐하는 자와 어울리지 마라.

21 술에 취하고 먹는 것만 밝히는 사람은 가난에 떨어지고, 게으른 사람은 누더기를 걸칠 것이다.

22 너를 낳은 아버지에게 순종하고, 네 어머니가 나이 들어도 무시하지 마라.

23 진리를 사고, 팔지는 마라. 지혜와 훈계, 명철을 사라.

12 Commit yourself to instruction; listen carefully to words of knowledge.

13 Don't fail to discipline your children. The rod of punishment won't kill them.

14 Physical discipline may well save them from death.

15 My child, if your heart is wise, my own heart will rejoice!

16 Everything in me will celebrate when you speak what is right.

17 Don't envy sinners, but always continue to fear the LORD.

18 You will be rewarded for this; your hope will not be disappointed.

19 My child, listen and be wise: Keep your heart on the right course.

20 Do not carouse with drunkards or feast with gluttons,

21 for they are on their way to poverty, and too much sleep clothes them in rags.

22 Listen to your father, who gave you life, and don't despise your mother when she is old.

23 Get the truth and never sell it; also get wisdom, discipline, and good judgment.

---

instruction [instrʌkʃən](23:12) 훈계, 교육
discipline [dísəplin](23:13) 훈계하다
punishment [pʌniʃmənt](23:13) 벌, 체벌
physical [fízikəl](23:14) 신체적인
celebrate [séləbrèit](23:16) 축제 기분에 젖다
envy [énvi](23:17) 부러워하다
keep one's heart on ~(23:19) ~에 마음을 두다

course [kɔːrs](23:19) 진로
carouse [kəráuz](23:20) 술 마시며 흥청거리다
drunkard [drʌŋkərd](23:20) 술고래
glutton [glʌtn](23:20) 폭식가
poverty [pávərti](23:21) 빈곤, 가난
rag [ræg](23:21) 누더기
despise [dispáiz](23:22) 멸시하다

12

13

14

15

16

17

18

19

20

21

22

23

24 의인의 아버지는 크게 기뻐하리라. 지혜로운 아들을 낳은 자는 그 아들 때문에 기쁨을 얻을 것이다.

25 네 부모를 즐겁게 해 드려라. 너를 낳아 주신 분을 기쁘게 해 드려라.

26 내 아들아, 네 마음을 내게 주고, 네 눈으로 내가 사는 모습을 보고 즐거워하여라.

27 창녀는 깊은 구덩이며, 바람난 여인은 좁은 웅덩이다.

28 그녀는 강도처럼 숨어서 기다리다가 수많은 남자들을 망친다.

29 재앙이 누구에게 있는가? 슬픔이 누구에게 있는가? 분쟁이 누구에게 있는가? 불평이 누구에게 있는가? 누가 불필요한 상처와 충혈된 눈을 가지고 있는가?

30 술독에 빠진 자에게 있고, 독한 술을 들이키는 자에게 있다.

31 술잔에 따라진 포도주가 붉고, 번쩍이며, 목으로 술술 넘어가도 너는 거들떠보지 마라.

32 마침내 그것이 뱀같이 물 것이요, 독사같이 쏠 것이다.

33 너의 눈은 이상한 것들을 보고, 입은 허튼 소리를 지껄이게 될 것이다.

24 The father of godly children has cause for joy. What a pleasure to have children who are wise.

25 So give your father and mother joy! May she who gave you birth be happy.

26 O my son, give me your heart. May your eyes take delight in following my ways.

27 A prostitute is a dangerous trap; a promiscuous woman is as dangerous as falling into a narrow well.

28 She hides and waits like a robber, eager to make more men unfaithful.

29 Who has anguish? Who has sorrow? Who is always fighting? Who is always complaining? Who has unnecessary bruises? Who has bloodshot eyes?

30 It is the one who spends long hours in the taverns, trying out new drinks.

31 Don't gaze at the wine, seeing how red it is, how it sparkles in the cup, how smoothly it goes down.

32 For in the end it bites like a poisonous snake; it stings like a viper.

33 You will see hallucinations, and you will say crazy things.

take delight in ~(23:26) ~을 기뻐하다
prostitute [prάstətjùːt](23:27) 매춘부
promiscuous [prəmískjuəs](23:27) 난잡한
well [wel](23:27) (우물 같은) 구덩이
robber [rάbər](23:28) 강도, 도둑
eager to ~(23:28) 몹시 ~하고 싶어하는
anguish [ǽŋgwiʃ](23:29) 격통, 고뇌

bruise [bruːz](23:29) (마음의) 상처
bloodshot [blʌdʃɑːt](23:29) 충혈된
tavern [tǽvərn](23:30) 술집
poisonous [pɔ́izənəs](23:32) 유해한
sting [stiŋ](23:32) 찌르다, 쏘다
viper [vάipər](23:32) 독사
hallucination [həlùːsənéiʃən](23:33) 환각

24

25

26

27

28

29

30

31

32

33

34 너는 망망대해 가운데서, 돛대 꼭대기에 누워 잠자는 자 같을 것이다.

35 "아무리 때려 봐라. 하나도 아프지 않다. 아무리 때려 봐라. 아무 느낌도 없다. 술이 언제 깰 것인가? 깨면 또 마셔야지!"라고 말할 것이다.

24 악인들을 부러워하지 마라. 그들의 친구가 될 생각을 하지 마라.

2 악인들은 늘 범죄만 생각하고, 그 입술은 문제 일으킬 궁리만 한다.

3 지혜로 인해 집이 세워지고, 슬기를 통해 집이 견고해진다.

4 지식을 통하여 그 방에는 온갖 귀하고 아름다운 보물들이 채워진다.

5 지혜로운 사람이 힘센 자보다 낫고, 지식 있는 사람이 무사보다 낫다.

6 전략을 세우고 전쟁하라. 전략가들이 많아야 승리를 얻는다.

7 지혜는 미련한 자에게는 너무 높이 있어서, 성문 앞 광장에서 할 말이 없다.

8 남을 해할 음모를 꾸미는 자는 음모자라 불린다.

9 미련한 자는 범죄할 생각만 하고, 거만한 자는 사람들에게 혐오의 대상이 된다.

34 You will stagger like a sailor tossed at sea, clinging to a swaying mast.

35 And you will say, "They hit me, but I didn't feel it. I didn't even know it when they beat me up. When will I wake up so I can look for another drink?"

24 Don't envy evil people or desire their company.

2 For their hearts plot violence, and their words always stir up trouble.

3 A house is built by wisdom and becomes strong through good sense.

4 Through knowledge its rooms are filled with all sorts of precious riches and valuables.

5 The wise are mightier than the strong, and those with knowledge grow stronger and stronger.

6 So don't go to war without wise guidance; victory depends on having many advisers.

7 Wisdom is too lofty for fools. Among leaders at the city gate, they have nothing to say.

8 A person who plans evil will get a reputation as a troublemaker.

9 The schemes of a fool are sinful; everyone detests a mocker.

---

stagger [stǽgər](23:34) 비틀거리다
toss [tɔːs](23:34) 던지다
cling to ~(23:34) ~를 붙잡다
sway [swei](23:34) 흔들리다
envy [énvi](24:1) 부러워하다
stir up trouble(24:2) 소란을 일으키다
be filled with ~(24:4) ~로 가득 차다

sort [sɔːrt](24:4) 종류
precious [préʃəs](24:4) 귀중한
depend on ~(24:6) ~에 달려 있다
lofty [lɔ́ːfti](24:7) 매우 높은, 우뚝 솟은
get a reputation as ~(24:8) ~로서의 명성을 얻다
troublemaker [trʌ́blmèikər](24:8) 말썽꾸러기
scheme [skiːm](24:9) 계획, 음모

34

35

24

2

3

4

5

6

7

8

9

10 어려움을 당하여 낙담하는 것은 너의 연약함을 드러내는 것이다.

11 억울하게 사형장으로 끌려가는 자를 건져 주고 처형장으로 잡혀 가는 자를 구해 주어라.

12 네가 아무것도 알지 못했다 할지라도 마음을 재는 분이 그것을 알지 못하시랴! 네 인생을 인도하시는 분이 알지 못하시랴! 그분께서 각 사람이 행한 대로 갚으실 것이다.

13 내 아들아, 꿀은 몸에 좋으니 꿀을 먹어라. 꿀은 네 입에 달 것이다.

14 그리고 지혜가 네 영혼에 달다는 것도 알아라. 지혜를 찾으면, 네 앞길이 열리고, 네 소망이 꺾이지 않을 것이다.

15 악인처럼 의인의 집을 숨어서 엿보지 말고, 그의 집을 망가뜨리지 마라.

16 의인은 일곱 번 넘어져도 다시 일어나지만, 악인은 재앙이 닥치면 망하고 만다.

17 네 원수가 넘어질 때, 고소하게 여기지 마라. 그가 비틀거려도 기뻐하지 마라.

18 여호와께서 그것을 보시고 불쾌히 여기시어, 그에게서 진노를 거두실까 두렵다.

10 If you fail under pressure, your strength is too small.

11 Rescue those who are unjustly sentenced to die; save them as they stagger to their death.

12 Don't excuse yourself by saying, "Look, we didn't know." For God understands all hearts, and he sees you. He who guards your soul knows you knew. He will repay all people as their actions deserve.

13 My child, eat honey, for it is good, and the honeycomb is sweet to the taste.

14 In the same way, wisdom is sweet to your soul. If you find it, you will have a bright future, and your hopes will not be cut short.

15 Don't wait in ambush at the home of the godly, and don't raid the house where the godly live.

16 The godly may trip seven times, but they will get up again. But one disaster is enough to overthrow the wicked.

17 Don't rejoice when your enemies fall; don't be happy when they stumble.

18 For the LORD will be displeased with you and will turn his anger away from them.

---

under pressure (24:10) 압박을 받는
unjustly [əndʒə'stli](24:11) 불공평하게
be sentenced to ~(24:11) ~하도록 선고를 받다
stagger [stǽgər](24:11) 비틀거리다
deserve [dizə́:rv](24:12) 받을 만하다
honeycomb [hə'nikou,m](24:13) 벌집
cut short(24:14) 끝나게 하다

wait in ambush(24:15) 매복하다, 잠복하다
raid [reid](24:15) 침입하다, 급습하다
trip [trip](24:16) 발이 걸리다, 헛디딤
overthrow [ou'vərθrou,](24:16) 거꾸러뜨리다, 전복하다
stumble [stʌ́mbl](24:17) 비틀거리다
be displeased with ~(24:18) ~를 불쾌하게 생각하다
turn … away from ~(24:18) ~로부터 …를 좇아내다

10

11

12

13

14

15

16

17

18

19 악인 때문에 불평하지 마라. 악인을 부러워하지 마라.

20 악인은 장래에 소망이 없다. 악인의 등불은 곧 꺼질 것이다.

21 내 아들아, 여호와를 경외하고 왕을 두려워하여라. 반역자들과 어울리지 마라.

22 하나님과 왕을 반역하는 자들에게 갑자기 재앙이 내리리니, 그들에게 임할 재앙을 누가 막겠는가?

지혜 있는 자의 거듭된 말

23 이것도 지혜자의 말씀이다. 재판할 때 편드는 것은 옳지 않다.

24 죄인에게 "너는 죄가 없다"고 선고하는 자는 백성의 저주를 받고, 여러 사람의 비난을 면치 못할 것이다.

25 죄인을 바로 재판하는 자는 형통할 것이며, 축복이 그들에게 풍성히 임할 것이다.

26 적절하게 대답하는 자는 입술에 입맞춤하는 것과 같다.

27 바깥일을 잘 처리하고, 밭일도 잘한 후에, 네 집을 세워라.

28 근거 없이 네 이웃에게 불리한 증언을 하지 말고, 네 혀를 놀려 남을 속이지 마라.

29 "그가 나에게 행한 대로 나도 행하고, 그가 행한 대로 나도 갚을 것이다" 하고 말하지 마라.

19 Don't fret because of evildoers; don't envy the wicked.

20 For evil people have no future; the light of the wicked will be snuffed out.

21 My child, fear the LORD and the king. Don't associate with rebels,

22 for disaster will hit them suddenly. Who knows what punishment will come from the LORD and the king?

More Sayings of the Wise

23 Here are some further sayings of the wise: It is wrong to show favoritism when passing judgment.

24 A judge who says to the wicked, "You are innocent," will be cursed by many people and denounced by the nations.

25 But it will go well for those who convict the guilty; rich blessings will be showered on them.

26 An honest answer is like a kiss of friendship.

27 Do your planning and prepare your fields before building your house.

28 Don't testify against your neighbors without cause; don't lie about them.

29 And don't say, "Now I can pay them back for

---

fret [fret](24:19) 안달하다, 고민하다
evildoer [ɪ'vəldu,ər](24:19) 악인
snuff out(24:20) 심지를 잘라 끄다
associate with ~(24:21) ~와 사귀다
rebel [rɪbél](24:21) 반역자
suddenly [sʌ́dnli](24:22) 갑자기
further [fə́:rðər](24:23) 더, 더 나아가

favoritism [féivərìtìzm](24:23) 편애
pass judgment(24:23) 판결을 내리다
denounce [dináuns](24:24) 비난하다
convict [kənvíkt](24:25) 유죄를 선고하다
be showered on ~(24:25) ~에게 쏟아지다
testify against ~(24:28) ~에게 불리한 증언을 하다
get even with ~(24:29) ~에게 보복하다

19

20

21

22

More Sayings of the Wise

23

24

25

26

27

28

29

30 내가 게으른 자의 밭과 미련한 자의 포도원을 지나가 보니,

31 가시덤불이 사방을 덮고, 잡초가 무성하였으며, 돌담은 여기저기 무너져 있었다.

32 내가 유심히 관찰하고 생각을 많이 하여 깨우친 것이 많았다.

33 '좀더 자자. 좀더 졸자. 좀더 쉬자.'

34 그러면, 가난이 강도 떼처럼, 궁핍이 군사들처럼 너를 덮칠 것이다.

또 다른 솔로몬의 잠언

25 이것들도 솔로몬의 잠언으로서 유다 왕 히스기야의 신하들이 모은 것입니다.

2 일을 숨기는 것은 하나님의 영광이요, 일을 잘 살피는 것은 왕의 영광이다.

3 하늘은 높고 땅은 깊듯이, 왕의 마음은 헤아리기 어렵다.

4 은에서 찌꺼기를 없애라. 그래야 금속 세공업자가 쓸 만한 은그릇을 만들 수 있다.

5 왕 앞에서 악한 자를 없애라. 그러면 의를 통하여 왕위가 굳게 세워진다.

what they've done to me! I'll get even with them!"

30 I walked by the field of a lazy person, the vineyard of one with no common sense.

31 I saw that it was overgrown with nettles. It was covered with weeds, and its walls were broken down.

32 Then, as I looked and thought about it, I learned this lesson:

33 A little extra sleep, a little more slumber, a little folding of the hands to rest–

34 then poverty will pounce on you like a bandit; scarcity will attack you like an armed robber.

More Proverbs of Solomon

25 These are more proverbs of Solomon, collected by the advisers of King Hezekiah of Judah.

2 It is God's privilege to conceal things and the king's privilege to discover them.

3 No one can comprehend the height of heaven, the depth of the earth, or all that goes on in the king's mind!

4 Remove the impurities from silver, and the sterling will be ready for the silversmith.

5 Remove the wicked from the king's court, and his reign will be made secure by justice.

---

common sense [kámənséns](24:30) 상식
be overgrown with ~ (24:31) ~으로 우거지다
nettle [nétl](24:31) 쐐기풀
weed [wi:d](24:31) 잡초
slumber [slʌ́mbər](24:33) 선잠
pounce on ~ (24:34) ~에 갑자기 달려들다
bandit [bǽndit](24:34) 강도

scarcity [skέərsəti](24:34) 결핍, 궁핍
privilege [prívəlidʒ](25:2) 특권
conceal [kənsíːl](25:2) 숨기다
comprehend [kὰmprihénd](25:3) 이해하다, 파악하다
impurity [impjúərəti](25:4) 찌꺼기, 불순물
sterling [stə́:rliŋ](25:4) 순은
silversmith [sílvərsmìθ](25:4) 은세공인

30

31

32

33

34

More Proverbs of Solomon

25

2

3

4

5

6 왕 앞에서 잘난 체하지 말고, 높은 관리들 자리에 끼어들지 마라.

7 말석에서 상석으로 올라오라고 초대받는 것이 대중 앞에서 말석으로 쫓겨 내려가는 것보다 훨씬 낫지 않겠는가?

8 네가 눈으로 본 것을 조급하게 법정에 알리지 마라. 나중에 네 이웃이 너를 망신시키면, 어떻게 할 것이냐?

9 너는 이웃과 다툴 때, 남의 비밀을 말하지 마라.

10 그것을 듣는 자가 너를 망신시킬 것이요, 나쁜 평판이 너를 계속 따라다닐 것이다.

11 경우에 합당한 말은 은쟁반에 놓여진 금사과와 같다.

12 지혜자의 책망은 들을 줄 아는 귀에 금귀고리와 순금목걸이 같다.

13 믿을 만한 심부름꾼은 그를 보낸 주인에게 추수하며 땀흘릴 때에 마시는 얼음물 같아서, 그 주인의 마음을 시원하게 한다.

14 선물한다고 말만 하는 사람은 비 없는 구름과 바람 같다.

15 끈기 있게 설득하면 통치자의 마음도 움직이고, 부드러운 혀는 뼈도 녹인다.

16 꿀을 찾았거든, 먹을 만큼만 먹

6 Don't demand an audience with the king or push for a place among the great.

7 It's better to wait for an invitation to the head table than to be sent away in public disgrace. Just because you've seen something,

8 don't be in a hurry to go to court. For what will you do in the end if your neighbor deals you a shameful defeat?

9 When arguing with your neighbor, don't betray another person's secret.

10 Others may accuse you of gossip, and you will never regain your good reputation.

11 Timely advice is lovely, like golden apples in a silver basket.

12 To one who listens, valid criticism is like a gold earring or other gold jewelry.

13 Trustworthy messengers refresh like snow in summer. They revive the spirit of their employer.

14 A person who promises a gift but doesn't give it is like clouds and wind that bring no rain.

15 Patience can persuade a prince, and soft speech can break bones.

16 Do you like honey? Don't eat too much, or it

---

audience [ɔ́:diəns](25:6) 배알, 알현
invitation [ìnvitéiʃən](25:7) 초대
disgrace [disgréis](25:7) 불명예
shameful [ʃéimfəl](25:8) 부끄러운
betray [bitréi](25:9) 누설하다
accuse … of ~(25:10) …를 ~로 고발하다
gossip [ɡásəp](25:10) 험담

regain [riɡéin](25:10) 되찾다
timely [táimli](25:11) 때에 알맞은
valid [vǽlid](25:12) 타당한, 설득력 있는
trustworthy [trə'stwər,ði](25:13) 믿을 수 있는
revive [riváiv](25:13) 기운나게 하다
employer [implɔ́iər](25:13) 고용주
persuade [pərswéid](25:15) 설득하다

6

7

8

9

10

11

12

13

14

15

16

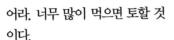

어라. 너무 많이 먹으면 토할 것이다.

17 이웃집에 너무 들락거리지 마라. 그가 싫증내고, 미워할까 두렵다.

18 자기 이웃을 해치고자 거짓 증언하는 사람은 몽둥이나 칼, 날카로운 화살과 같다.

19 어려울 때, 신용이 없는 사람을 의지하는 것은 썩은 이나 다친 발을 의지하는 것과 같다.

20 마음이 무거운 자 앞에서 노래하는 것은 추운 날 남을 발가벗기는 것과 같고, 터진 상처에 식초를 붓는 것과 같다.

21 네 원수가 굶주리거든 그에게 먹을 것을 주어라. 목말라 하거든 마실 물을 주어라.

22 그리하면 그는 머리에 숯불을 둔 것같이 부끄러워하고, 여호와께서는 네게 상을 주실 것이다.

23 북풍이 비를 몰고 오듯, 험담하는 혀는 분노를 초래한다.

24 옥상 한 구석에서 사는 것이 다투는 아내와 같이 사는 것보다 낫다.

25 먼 나라에서 보내 온 좋은 소식은 목마른 영혼에 냉수와 같다.

26 의인이 악인에게 굴복하는 것은 우물이 흐려지고, 샘이 썩는 것과 같다.

will make you sick!

17 Don't visit your neighbors too often, or you will wear out your welcome.

18 Telling lies about others is as harmful as hitting them with an ax, wounding them with a sword, or shooting them with a sharp arrow.

19 Putting confidence in an unreliable person in times of trouble is like chewing with a broken tooth or walking on a lame foot.

20 Singing cheerful songs to a person with a heavy heart is like taking someone's coat in cold weather or pouring vinegar in a wound.

21 If your enemies are hungry, give them food to eat. If they are thirsty, give them water to drink.

22 You will heap burning coals of shame on their heads, and the LORD will reward you.

23 As surely as a north wind brings rain, so a gossiping tongue causes anger!

24 It's better to live alone in the corner of an attic than with a quarrelsome wife in a lovely home.

25 Good news from far away is like cold water to the thirsty.

26 If the godly give in to the wicked, it's like polluting a fountain or muddying a spring.

---

wear out one's welcome(25:17) 너무 오래 묵어 마음을 사다
wound [wu:nd](25:18) 상처입히다
put confidence in ~(25:19) ~를 신뢰하다
unreliable [ə,nrilaiˈəbəl](25:19) 신뢰할 수 없는
chew [ʧu:](25:19) 씹다
lame [leim](25:19) 불구의, 절뚝거리는
cheerful [ʧíərfəl](25:20) 쾌활한, 유쾌한

vinegar [vínəgər](25:20) 식초
thirsty [θə́:rsti](25:21) 목마른
heap [hi:p](25:22) 쌓아 올리다
coal [koul](25:22) 숯, 석탄
attic [aétik](25:24) 다락방
pollute [pəlú:t](25:26) 더럽히다
muddy [mΛdi](25:26) 흐리게 하다

17

18

19

20

21

22

23

24

25

26

27 꿀을 너무 많이 먹으면 몸에 해롭고, 자기 영광을 구하는 것도 명예롭지 못하다.

28 자기를 다스리지 못하는 자는 성벽이 무너진 성과 같다.

26 여름에 오는 눈이나 추수 때의 비처럼, 어리석은 자에게 영예는 적절하지 않다.

2 근거 없는 저주는 참새가 퍼덕거리고, 제비가 쏜살같이 날아가는 것처럼 상대방에게 미치지 못한다.

3 말에게는 채찍을, 나귀에게는 재갈을, 어리석은 자의 등에는 몽둥이를 휘둘러야 한다.

4 어리석은 자의 어리석음을 따라 대답하지 마라. 그렇지 않으면 너도 그와 같이 될 것이다.

5 어리석은 자에게는 그의 어리석음에 따라 대답하여라. 스스로 지혜로운 체할까 두렵다.

6 어리석은 자를 시켜 편지를 전하는 것은 자기 발을 자르고, 극약을 마시는 것과 같다.

7 어리석은 자들이 잠언을 말하는 것은 다리 저는 사람의 다리와 같다.

8 어리석은 자에게 영예를 주는 것은 마치 물매에 돌을 매다는 것과 같다.

9 어리석은 자들이 잠언을 말하는 것은 술 취한 자가 가시나무를 휘두르는 격이다.

27 It's not good to eat too much honey, and it's not good to seek honors for yourself.

28 A person without self-control is like a city with broken-down walls.

26 Honor is no more associated with fools than snow with summer or rain with harvest.

2 Like a fluttering sparrow or a darting swallow, an undeserved curse will not land on its intended victim.

3 Guide a horse with a whip, a donkey with a bridle, and a fool with a rod to his back!

4 Don't answer the foolish arguments of fools, or you will become as foolish as they are.

5 Be sure to answer the foolish arguments of fools, or they will become wise in their own estimation.

6 Trusting a fool to convey a message is like cutting off one's feet or drinking poison!

7 A proverb in the mouth of a fool is as useless as a paralyzed leg.

8 Honoring a fool is as foolish as tying a stone to a slingshot.

9 A proverb in the mouth of a fool is like a thorny branch brandished by a drunk.

self-control(25:28) 자제력
broken-down(25:28) 박살난, 괴멸한
flutter [flʌtər](26:2) 날개치다
sparrow [spaérou](26:2) 참새
dart [da:rt](26:2) 날아가다
undeserved [ʌndizə́:rvd](26:2) 부당한
intended [inténdid](26:2) 의도된, 고의의

bridle [bráidl](26:3) 말 굴레
be sure to ~(26:5) 반드시 ~하다
estimation [èstəméiʃən](26:5) 판단
convey [kənvéi](26:6) 전달하다
paralyzed [paérəlàizd](26:7) 마비된
slingshot [sli'ŋʃa,t](26:8) 고무총, 새총
brandish [braéndiʃ](26:9) 휘두르다

27

28

26

2

3

4

5

6

7

8

9

10 미련한 자나 지나가는 자를 품꾼으로 부리는 자는 활을 마구 쏘는 궁수와 같다.

11 개가 그 토한 것을 다시 먹듯, 어리석은 자는 자기 미련을 되풀이한다.

12 스스로 지혜로운 체하는 사람을 보았는가? 차라리 그보다는 미련한 자에게 희망이 있다.

13 게으른 자는 "사나운 사자가 길에 있으니, 가지 않겠다"고 말한다.

14 문짝이 돌쩌귀를 따라 돌듯, 게으름뱅이는 침대에서만 뒹군다.

15 게으른 자는 자기 손을 밥그릇에 갖다 대고도, 입에 넣을 생각을 안 한다.

16 게으른 자는 '나는 슬기롭게 대답을 전하는 일곱 명보다 낫다'라고 스스로 생각한다.

17 자기와 상관도 없는 다툼에 참견하는 행인은 개의 귀를 잡아당기는 사람과 같다.

18 횃불을 던지고, 독이 묻은 화살을 쏘아대는 미친 사람과 같이

19 지혜 없는 사람은 자기 이웃을 속이고도 "그저 장난삼아 했을 뿐이야!"라고 말한다.

20 나무가 없으면 불이 꺼지듯, 험담꾼이 없으면 다툼도 그친다.

21 숯불에 숯을 더하고 불에 나무를 더하듯, 싸움꾼은 싸움에 부채질만 한다.

10 An employer who hires a fool or a bystander is like an archer who shoots at random.

11 As a dog returns to its vomit, so a fool repeats his foolishness.

12 There is more hope for fools than for people who think they are wise.

13 The lazy person claims, "There's a lion on the road! Yes, I'm sure there's a lion out there!"

14 As a door swings back and forth on its hinges, so the lazy person turns over in bed.

15 Lazy people take food in their hand but don't even lift it to their mouth.

16 Lazy people consider themselves smarter than seven wise counselors.

17 Interfering in someone else's argument is as foolish as yanking a dog's ears.

18 Just as damaging as a madman shooting a deadly weapon

19 is someone who lies to a friend and then says, "I was only joking."

20 Fire goes out without wood, and quarrels disappear when gossip stops.

21 A quarrelsome person starts fights as easily

---

bystander [baiˈstæˌndər](26:10) 방관자, 구경꾼
archer [ɑ́ːrʧər](26:10) 궁수
at random(26:10) 닥치는 대로, 되는 대로
vomit [vɑ́mit](26:11) 토한 것
repeat [ripíːt](26:11) 반복하다
hinge [hindʒ](26:14) 돌쩌귀, 경첩
turn over(26:14) 뒹굴다, 몸을 뒤치다

interfere [ìntərfíər](26:17) 간섭하다
yank [jæŋk](26:17) 홱 잡아당기다
damage [daémidʒ](26:18) 손해를 입히다
deadly [dédli](26:18) 치명적인
quarrelsome [kwɔ́ːrəlsəm](26:21) 싸우기 좋아하는
ember [émbər](26:21) 타다 남은 것
charcoal [ʧɑ́ːrkòul](26:21) 숯

10

11

12

13

14

15

16

17

18

19

20

21

22 고자질은 맛난 음식과 같아서, 배 속 깊이 내려간다.

23 마음은 악하면서 입술만 부드러운 사람은 유약을 바른 토기와 같다.

24 악의를 품은 사람은 입술로는 그럴싸하게 말하지만, 마음에는 독을 품고 있다.

25 그런 자가 듣기 좋은 말을 할지라도 믿지 마라. 일곱 가지 혐오스런 것들이 그 마음에 들어 있다.

26 그의 악의가 교묘하게 숨겨져 있다 해도, 그의 악한 생각이 회중 앞에서 드러날 것이다.

27 함정을 파는 자는 자신이 그곳에 빠질 것이요, 돌을 굴리는 자는 그 돌에 치일 것이다.

28 거짓말하는 혀는 상대를 미워하고, 아첨하는 입은 상대를 파멸로 이끈다.

27 내일을 자랑하지 마라. 오늘 무슨 일이 일어날지 누가 알 것인가?

2 타인이 너를 칭찬하게는 해도, 네 입으로는 하지 마라.

3 돌도 무겁고 모래도 무겁지만, 바보가 주는 모욕은 이것보다 더 무겁다.

4 분노는 잔인하고 화는 사람을

---

as hot embers light charcoal or fire lights wood.

22 Rumors are dainty morsels that sink deep into one's heart.

23 Smooth words may hide a wicked heart, just as a pretty glaze covers a clay pot.

24 People may cover their hatred with pleasant words, but they're deceiving you.

25 They pretend to be kind, but don't believe them. Their hearts are full of many evils.

26 While their hatred may be concealed by trickery, their wrongdoing will be exposed in public.

27 If you set a trap for others, you will get caught in it yourself. If you roll a boulder down on others, it will crush you instead.

28 A lying tongue hates its victims, and flattering words cause ruin.

27 Don't brag about tomorrow, since you don't know what the day will bring.

2 Let someone else praise you, not your own mouth–a stranger, not your own lips.

3 A stone is heavy and sand is weighty, but the resentment caused by a fool is even heavier.

4 Anger is cruel, and wrath is like a flood, but jealousy is even more dangerous.

---

dainty [déinti](26:22) 맛있는
morsel [mɔ́ːrsəl](26:22) (음식의) 한 입
glaze [gleiz](26:23) 유약
hatred [héitrid](26:24) 증오
pretend to ~(26:25) ~인 체하다
conceal [kənsíːl](26:26) 숨기다
trickery [tríkəri](26:26) 사기, 속임수

expose [ikspóuz](26:26) 드러내다
get caught in ~(26:27) ~에 걸리다
boulder [bóuldər](26:27) 둥근 돌
flatter [flǽtər](26:28) 아첨하다
brag about ~(27:1) ~를 자랑하다
resentment [rizéntmənt](27:3) 분노
wrath [ræθ](27:4) 격노, 진노

22

23

24

25

26

27

28

27

2

3

4

삼키지만, 질투처럼 파괴적이지는
않다.

5 면전에서 책망하는 것이 숨겨진 사
랑보다 낫다.

6 친구가 주는 상처들은 믿음에서 난
것이지만, 원수는 입맞추고 배반한
다.

7 배부른 사람은 꿀도 싫지만, 배고픈
자에게는 쓴 것도 달다.

8 자기 고향을 떠난 사람은 둥지를 떠
나 떠도는 새와 같다.

9 향유나 향이 마음을 기쁘게 하듯
이, 친구의 충심어린 조언이 마음을
포근하게 해 준다.

10 너의 친구든지, 아버지의 친구든지,
아무도 버리지 말며, 위급할 때, 형
제의 집에 가지 마라. 가까운 이웃
이 멀리 있는 형제보다 낫다.

11 내 아들아, 부디 지혜를 깨우쳐서
내 마음을 기쁘게 해 다오. 그리하
면 나를 경멸하는 자에게 내가 할
말이 있을 것이다.

12 슬기로운 자는 위험을 보면 피하지
만, 미련한 자는 제 발로 들어가 화
를 자초한다.

13 타인을 위해 보증하는 사람의 의복
을 취하여라. 다른 지방 사람을 위
해 보증 섰다면 꼭 그 사람을 잡아
두어라.

14 이른 아침에 큰 소리로 이웃에게 인
사하는 것은 저주하는 말처럼 들린

5 An open rebuke is better than hidden love!

6 Wounds from a sincere friend are better than many kisses from an enemy.

7 A person who is full refuses honey, but even bitter food tastes sweet to the hungry.

8 A person who strays from home is like a bird that strays from its nest.

9 The heartfelt counsel of a friend is as sweet as perfume and incense.

10 Never abandon a friend–either yours or your father's. When disaster strikes, you won't have to ask your brother for assistance. It's better to go to a neighbor than to a brother who lives far away.

11 Be wise, my child, and make my heart glad. Then I will be able to answer my critics.

12 A prudent person foresees danger and takes precautions. The simpleton goes blindly on and suffers the consequences.

13 Get security from someone who guarantees a stranger's debt. Get a deposit if he does it for foreigners.

14 A loud and cheerful greeting early in the morning will be taken as a curse!

---

rebuke [ribjúːk](27:5) 면책, 힐책
sincere [sinsíər](27:6) 성실한, 정직한
stray from ~(27:8) ~를 떠나 헤매다
heartfelt [haːrtfelt](27:9) 진심에서 우러난
incense [ínsens](27:9) 향
abandon [əbǽndən](27:10) 버리다
assistance [əsístəns](27:10) 도움

critic [krítik](27:11) 비판하는 사람
prudent [prúːdnt](27:12) 신중한
foresee [fɔrsíː](27:12) 예측하다
take precautions(27:12) 조심하다
blindly [bláindli](27:12) 맹목적으로
deposit [dipázit](27:13) 기탁물, 공탁금
be taken as ~(27:14) ~으로 여겨지다

5

6

7

8

9

10

11

12

13

14

다.

15 비오는 날에 연달아 떨어지는 물방울이나 다툼 잘하는 여인은 마찬가지이다.

16 그런 여자를 다스리는 것은 손바닥으로 태풍을 막으려는 것과 같고, 손으로 기름을 움켜잡으려는 것과 같다.

17 쇠는 쇠에 갈아야 날카롭게 되듯이 사람은 사람에게 부딪혀야 다듬어진다.

18 무화과나무를 재배하는 자는 그 열매를 먹고, 자기 주인을 잘 섬기는 자는 영예를 얻는다.

19 얼굴이 물에 비치듯, 사람의 마음도 다른 사람에게 비친다.

20 무덤과 죽음이 만족하는 법이 없듯이 사람의 눈도 만족할 줄을 모른다.

21 도가니로 은을, 풀무로 금을 연단하듯, 사람은 칭찬을 통해 시험을 받는다.

22 미련한 사람을 절구에 넣고, 공이로 곡식 찧듯 찧어도, 그의 미련은 벗겨지지 않는다.

23 네 양 떼의 형편을 잘 살피고, 네 소 떼도 잘 돌봐라.

24 재물은 오래가지 않고, 면류관은 대대로 물려지지 않는다.

25 풀을 베면 다시 싹이 나니, 언덕 여기저기에서 꼴을 얻을 수 있다.

15 A quarrelsome wife is as annoying as constant dripping on a rainy day.

16 Stopping her complaints is like trying to stop the wind or trying to hold something with greased hands.

17 As iron sharpens iron, so a friend sharpens a friend.

18 As workers who tend a fig tree are allowed to eat the fruit, so workers who protect their employer's interests will be rewarded.

19 As a face is reflected in water, so the heart reflects the real person.

20 Just as Death and Destruction are never satisfied, so human desire is never satisfied.

21 Fire tests the purity of silver and gold, but a person is tested by being praised.

22 You cannot separate fools from their foolishness, even though you grind them like grain with mortar and pestle.

23 Know the state of your flocks, and put your heart into caring for your herds,

24 for riches don't last forever, and the crown might not be passed to the next generation.

25 After the hay is harvested and the new crop

---

annoying [ənɔ́iiŋ](27:15) 성가신
constant [kɑ́nstənt](27:15) 지속적인
dripping [drípiŋ](27:15) 물방울
grease [gri:s](27:16) 기름
sharpen [ʃɑ́:rpən](27:17) 날카롭게 하다
be reflected in ~(27:19) ~에 비치다
purity [pjúərəti](27:21) 맑음, 순도

separate … from ~(27:22) …를 ~에서 분리하다
foolishness [fú:liʃnis](27:22) 어리석음
grind [graind](27:22) 찧다, 빻다, 갈다
pestle [pésl](27:22) 절굿공이
flock [flak](27:23) (재산으로서의) 양 떼
herd [hə:rd](27:23) 가축의 떼, 소 떼
hay [hei](27:25) 건초, 꼴

15

16

17

18

19

20

21

22

23

24

25

26 양 떼는 옷 지을 털을 주고, 염소 떼는 밭을 살 만한 돈을 준다.

27 염소 젖은 넉넉하여 너와 네 가족, 너의 여종들이 모두 먹고도 남을 것이다.

28 악인은 쫓는 자가 없어도 도망치나, 의인은 사자처럼 담대하다.

2 나라가 부패하면 지도자가 자주 바뀌지만, 슬기롭고 지혜로운 지도자는 나라를 안정시킨다.

3 가난한 자를 압제하는 권력자는 곡식을 낟알 하나 남김없이 쓸어 가는 폭우와 같다.

4 법을 무시하는 자는 악인을 칭찬하나, 법을 지키는 자는 악인들과 싸운다.

5 악한 사람들은 법을 무시하나, 여호와를 찾는 자들은 온전히 법을 지킨다.

6 흠없이 행동하는 가난뱅이가 행실이 비뚤어진 부자보다 낫다.

7 법을 지키는 자는 분별이 있는 사람이지만, 불량배의 친구는 아버지를 망신시킨다.

8 고리대금으로 재산을 늘리는 자는 가난한 자에게 후히 베푸는 사람을 위해 재산을 늘릴 뿐이다.

appears and the mountain grasses are gathered in,

26 your sheep will provide wool for clothing, and your goats will provide the price of a field.

27 And you will have enough goats' milk for yourself, your family, and your servant girls.

28 The wicked run away when no one is chasing them, but the godly are as bold as lions.

2 When there is moral rot within a nation, its government topples easily. But wise and knowledgeable leaders bring stability.

3 A poor person who oppresses the poor is like a pounding rain that destroys the crops.

4 To reject the law is to praise the wicked; to obey the law is to fight them.

5 Evil people don't understand justice, but those who follow the LORD understand completely.

6 Better to be poor and honest than to be dishonest and rich.

7 Young people who obey the law are wise; those with wild friends bring shame to their parents.

8 Income from charging high interest rates will end up in the pocket of someone who is kind to the poor.

---

provide … for ~(27:26) ~를 위해 …를 제공하다
chase [ʧeis](28:1) 뒤쫓다
bold [bould](28:1) 대담한
moral rot(28:2) 도덕적 부패
government [gʌ́vərnmənt](28:2) 통치, 행정
topple [tápl](28:2) 넘어지다
knowledgeable [nálidʒəbl](28:2) 지식 있는

stability [stəbíləti](28:2) 안정
oppress [əprés](28:3) 압박하다
pound [paund](28:3) 세게 치다
income [ínkʌm](28:8) 수입, 소득
charge [ʧaːrdʒ](28:8) 부담시키다
interest [íntərəst](28:8) 이자
pocket [pákit](28:8) 소자금, 자금

26

27

28

2

3

4

5

6

7

8

9 법을 지키지 않는 자의 기도는 거짓된 기도이다.

10 정직한 자를 미혹하는 자는 자신의 함정에 빠질 것이나, 흠 없는 사람은 복을 받는다.

11 부자는 스스로 지혜롭다고 여기지만, 명철을 지닌 가난한 사람은 자신을 살핀다.

12 의인이 권력을 잡으면 나라가 잘 되지만, 악인이 권력을 잡으면 백성들이 모조리 피해 도망간다.

13 자기 죄를 숨기는 자는 형통하지 못할 것이나, 죄를 자백하고 버리는 자는 긍휼을 얻을 것이다.

14 항상 여호와를 경외하는 사람은 복되지만, 고집쟁이는 재난에 떨어진다.

15 힘없는 백성을 압제하는 악한 권력자는 으르렁거리는 사자요, 굶주린 곰과 같다.

16 무식한 통치자는 압제만 일삼지만, 부정한 소득을 미워하는 자는 장수할 것이다.

17 살인자는 죽을 때까지 피해 다녀야 한다. 아무도 그를 돕지 않을 것이다.

18 흠없이 행동하는 사람은 위험에서 보호받으나, 그 행실이 비뚤어진 자는 졸지에 망한다.

9 God detests the prayers of a person who ignores the law.

10 Those who lead good people along an evil path will fall into their own trap, but the honest will inherit good things.

11 Rich people may think they are wise, but a poor person with discernment can see right through them.

12 When the godly succeed, everyone is glad. When the wicked take charge, people go into hiding.

13 People who conceal their sins will not prosper, but if they confess and turn from them, they will receive mercy.

14 Blessed are those who fear to do wrong, but the stubborn are headed for serious trouble.

15 A wicked ruler is as dangerous to the poor as a roaring lion or an attacking bear.

16 A ruler with no understanding will oppress his people, but one who hates corruption will have a long life.

17 A murderer's tormented conscience will drive him into the grave. Don't protect him!

18 The blameless will be rescued from harm, but the crooked will be suddenly destroyed.

---

inherit [inhérit](28:10) 상속하다
discernment [disə́:rnmənt](28:11) 분별
take charge(28:12) 주도권을 장악하다
conceal [kənsíːl](28:13) 숨기다
prosper [práspər](28:13) 번영하다
confess [kənfés](28:13) 자백하다
stubborn [stʌ́bərn](28:14) 완고한

be headed for ~(28:14) ~를 향해 가다
serious [síəriəs](28:14) 심각한
roaring [rɔ́ːriŋ](28:15) 으르렁거리는
corruption [kərʌ́pʃən](28:16) 타락, 퇴폐, 부정
tormented [tɔːrmént](28:17) 고통받는
conscience [kánʃəns](28:17) 양심
blameless [bléimlis](28:18) 결백한, 흠 없는

9

10

11

12

13

14

15

16

17

18

19 자기 논을 경작하는 자는 먹을 양식이 많겠지만, 공상만 하는 자는 가난하게 될 것이다.

20 성실한 사람은 크게 복을 받지만, 일확천금을 노리는 자는 처벌을 면치 못할 것이다.

21 편애하는 것은 좋지 못하다. 사람은 빵 한 조각 때문에 범죄할 수 있다.

22 구두쇠는 부자 되기에 정신이 없어서, 가난이 자기를 찾아올 줄 예상하지 못한다.

23 책망하는 사람이 아첨하는 사람보다 나중에 더욱 귀히 여김을 받을 것이다.

24 부모의 물건을 훔치고도 죄가 아니라고 하는 자는 강도나 마찬가지이다.

25 탐심이 가득한 사람은 분쟁을 일으키지만, 여호와를 의지하는 자는 형통할 것이다.

26 자기를 믿는 자는 어리석지만, 지혜를 따르는 사람은 구원을 얻을 것이다.

27 가난한 자에게 베푸는 사람은 부족함이 없겠고 가난한 자들을 못 본 체하는 자는 저주를 배로 받을 것이다.

28 악인이 권력을 잡으면 백성들이 숨지만, 악인이 망하면 의인은 번창한다.

19 A hard worker has plenty of food, but a person who chases fantasies ends up in poverty.

20 The trustworthy person will get a rich reward, but a person who wants quick riches will get into trouble.

21 Showing partiality is never good, yet some will do wrong for a mere piece of bread.

22 Greedy people try to get rich quick but don't realize they're headed for poverty.

23 In the end, people appreciate honest criticism far more than flattery.

24 Anyone who steals from his father and mother and says, "What's wrong with that?" is no better than a murderer.

25 Greed causes fighting; trusting the LORD leads to prosperity.

26 Those who trust their own insight are foolish, but anyone who walks in wisdom is safe.

27 Whoever gives to the poor will lack nothing, but those who close their eyes to poverty will be cursed.

28 When the wicked take charge, people go into hiding. When the wicked meet disaster, the godly flourish.

plenty [plénti] (28:19) 많은, 풍부한
poverty [pávərti] (28:19) 궁핍, 결핍
trustworthy [trə'stwər,ði] (28:20) 신뢰할 수 있는
partiality [pàːrʃiaéləti] (28:21) 편애
greedy [gríːdi] (28:22) 탐욕스러운
realize [ríːəlàiz] (28:22) 깨닫다, 인식하다
appreciate [əpríːʃièit] (28:23) 인정하다
criticism [krítəsìzm] (28:23) 책망, 비평
flattery [flaétəri] (28:23) 아첨
steal [stiːl] (28:24) 도둑질하다
prosperity [praspérəti] (28:25) 번영, 형통
insight [ínsàit] (28:26) 통찰력
close one's eyes to ~ (28:27) ~를 못 본 체하다
flourish [fláːriʃ] (28:28) 번창하다

19

20

21

22

23

24

25

26

27

28

29 자주 책망을 받으면서도 계속 고집을 부리는 사람은 졸지에 망할 것이다. 아무런 구제책이 없다.

2 의인이 권력을 잡으면 백성이 기뻐하나, 악인이 권력을 휘두르면 백성이 신음한다.

3 지혜를 사랑하는 자는 자기 아버지에게 기쁨을 주지만, 창녀와 사귀는 아들은 아버지의 재산을 탕진한다.

4 공의로운 왕은 나라를 견고히 하나, 뇌물을 좋아하는 왕은 나라를 망친다.

5 이웃에게 아첨하는 자는 그의 발밑에 함정을 파는 자이다.

6 악인의 죄는 스스로 올무에 걸리게 하지만, 의인은 노래하며 기뻐한다.

7 의인은 가난한 사람의 인격을 존중하나, 악인은 인정사정이 없다.

8 거만한 자는 도시에 폭동을 일으키나, 지혜로운 자는 화를 가라앉힌다.

9 지혜로운 사람과 미련한 사람이 재판을 하면, 미련한 자는 길길이 날뛰며 비웃고 잠잠하지 않는다.

10 피에 굶주린 자는 정직한 자를 미워하여 그의 생명을 노린다.

11 어리석은 자는 자기 분노를 드러내지만, 지혜로운 자는 절제한다.

29 Whoever stubbornly refuses to accept criticism will suddenly be destroyed beyond recovery.

2 When the godly are in authority, the people rejoice. But when the wicked are in power, they groan.

3 The man who loves wisdom brings joy to his father, but if he hangs around with prostitutes, his wealth is wasted.

4 A just king gives stability to his nation, but one who demands bribes destroys it.

5 To flatter friends is to lay a trap for their feet.

6 Evil people are trapped by sin, but the righteous escape, shouting for joy.

7 The godly care about the rights of the poor; the wicked don't care at all.

8 Mockers can get a whole town agitated, but the wise will calm anger.

9 If a wise person takes a fool to court, there will be ranting and ridicule but no satisfaction.

10 The bloodthirsty hate blameless people, but the upright seek to help them.

11 Fools vent their anger, but the wise quietly hold it back.

---

stubbornly [stʌbərnli](29:1) 완고하게
recovery [rikʌvəri](29:1) 완쾌, 회복
authority [əθɔ́ːrəti](29:2) 권위, 권력
groan [groun](29:2) 신음하다
hang around with ~(29:3) ~와 사귀다
stability [stəbíləti](29:4) 안정
bribe [braib](29:4) 뇌물

flatter [flaétər](29:5) 아첨하다
agitated [aédʒitèitid](29:8) 흥분한, 동요한
rant [rænt](29:9) 폭언하다
ridicule [rídikjùːl](29:9) 조롱
bloodthirsty [bləˈdθər,sti](29:10) 잔인한, 피에 굶주린
upright [ʌpràit](29:10) 올바른, 정직한
vent [vent](29:11) (감정 등을) 터뜨리다

29

2

3

4

5

6

7

8

9

10

11

12 통치자가 거짓말에 귀를 기울이면 그의 신하들이 모두 타락한다.

13 가난한 자와 압제자가 함께 살지만, 여호와께서는 모두의 눈에 빛을 비추신다.

14 왕이 가난한 자를 공평하게 재판하면, 그의 왕위가 영원히 견고할 것이다.

15 행실을 고치라고 후려치는 매는 지혜를 주지만, 멋대로 내버려둔 아들은 어머니를 망신시킨다.

16 악인이 권력을 잡으면 죄가 기승을 부리지만, 의인은 반드시 그들이 망하는 것을 볼 것이다.

17 네 아들을 징계하여라. 그러면 그가 네게 평안을 줄 것이다. 그가 네 영혼에 기쁨을 안겨 줄 것이다.

18 계시가 없으면 백성이 제멋대로 날뛰지만, 율법을 지키는 자는 복이 있다.

19 말로만 하면 종은 절대로 행동을 고치지 않는다. 알면서도 행실을 고치지 않는다.

20 조급하게 말하는 사람을 보았는가? 미련한 자가 그보다 더 희망이 있다.

21 종이 어리다고 곱게 다루면, 나중에는 자식인 양 행동할 것이다.

12 If a ruler pays attention to liars, all his advisers will be wicked.

13 The poor and the oppressor have this in common—the LORD gives sight to the eyes of both.

14 If a king judges the poor fairly, his throne will last forever.

15 To discipline a child produces wisdom, but a mother is disgraced by an undisciplined child.

16 When the wicked are in authority, sin flourishes, but the godly will live to see their downfall.

17 Discipline your children, and they will give you peace of mind and will make your heart glad.

18 When people do not accept divine guidance, they run wild. But whoever obeys the law is joyful.

19 Words alone will not discipline a servant; the words may be understood, but they are not heeded.

20 There is more hope for a fool than for someone who speaks without thinking.

21 A servant pampered from childhood will become a rebel.

---

pay attention to ~(29:12) ~에 유의하다
adviser [ædváizər](29:12) 보좌관, 조언자
oppressor [əprésər](29:13) 억압자
in common(29:13) 공동으로
throne [θroun](29:14) 왕위, 왕좌
discipline [dísəplin](29:15) 징계하다
be in authority (29:16) 권력을 잡다

flourish [flə́:riʃ](29:16) 번창하다
downfall [dau'nfɔ,l](29:16) 몰락
divine [diváin](29:18) 하나님의, 신성한
guidance [gáidns](29:18) 길잡이, 안내, 지도
heed [hi:d](29:19) 유의하다
pamper [pǽmpər](29:21) 응석 받아 주다
rebel [rɪbél](29:21) 반역자

12

13

14

15

16

17

18

19

20

21

22 노하는 자는 다툼을 일으키고, 성미가 조급한 사람은 많은 죄를 짓게 된다.

23 사람이 교만하면 낮아지고, 마음이 겸손하면 영예를 얻을 것이다.

24 만약 네가 도둑을 돕는다면, 스스로 자신을 해치는 꼴이 될 것이며 법정에서 선서를 하여도 증언할 말이 없을 것이다.

25 사람을 두려워하면 올무에 걸리지만, 여호와를 신뢰하는 자는 안전할 것이다.

26 많은 사람이 통치자를 만나 아첨하고자 하나, 공정한 판결은 여호와께로부터 나온다.

27 의로운 자들은 부정직한 사람을 미워하나, 악인은 행실이 바른 자를 미워한다.

아굴이 쓴 지혜의 말

30 야게의 아들, 아굴의 교훈입니다. 아굴이 이디엘과, 우갈에게 이 가르침을 선포하였습니다.

2 나는 정말 짐승같이 무지한 사람이다. 나는 사람에게 있어야 할 총명을 갖지 못했다.

3 나는 지혜를 배우지 못했고, 거룩하신 분을 아는 지식도 갖지 못했다.

4 누가 하늘에 올라갔다 내려왔던가? 누가 자기 손바닥에 바람을 모았던가? 누가 자기 옷에 물을 댔던가?

22 An angry person starts fights; a hot-tempered person commits all kinds of sin.

23 Pride ends in humiliation, while humility brings honor.

24 If you assist a thief, you only hurt yourself. You are sworn to tell the truth, but you dare not testify.

25 Fearing people is a dangerous trap, but trusting the LORD means safety.

26 Many seek the ruler's favor, but justice comes from the LORD.

27 The righteous despise the unjust; the wicked despise the godly.

The Sayings of Agur

30 The sayings of Agur son of Jakeh contain this message. I am weary, O God; I am weary and worn out, O God.

2 I am too stupid to be human, and I lack common sense.

3 I have not mastered human wisdom, nor do I know the Holy One.

4 Who but God goes up to heaven and comes back down? Who holds the wind in his fists? Who wraps up the oceans in his cloak? Who

hot-tempered [hάttémpərd](29:22) 성급한, 화를 잘 내는
end in ~(29:22) 결국 ~가 되다
humiliation [hju:miliéiʃən](29:23) 굴욕
assist [əsíst](29:24) 도와주다, 거들다
swear [swɛər](29:24) 맹세하다, 선서하다
dare not ~(29:24) 감히 ~할 수 없다
testify [téstəfài](29:24) 증언하다

righteous [ráitʃəs](29:27) 정직한, 바른
despise [dispáiz](29:27) 멸시하다
weary [wíəri](30:1) 피곤한
stupid [stjú:pid](30:2) 무지한, 어리석은
lack [læk](30:2) 부족하다
wrap up(30:4) 싸다
cloak [klouk](30:4) 망토

22

23

24

25

26

27

The Sayings of Agur

30

2

3

4

누가 땅 끝을 만들었던가? 그의 이름이 무엇이며, 그의 아들의 이름은 무엇인가? 네가 알면 말해다오.

5 모든 하나님의 말씀은 믿을 만하다. 그분은 자기를 피난처로 삼는 자에게 방패가 되신다.

6 그분의 말씀에 다른 것을 더하지 마라. 그분이 너를 책망하고 거짓말쟁이로 생각하실까 두렵다.

7 내가 두 가지를 여호와께 구하였사오니, 내가 죽기 전에 이루어 주소서.

8 곧 허황한 거짓말을 내게서 멀리하여 주시고, 가난도 부함도 허락하지 마시고, 오직 일용할 양식만 주소서.

9 그렇지 않으면, 내가 배불러서 "여호와께서 누구인가?" 하고 당신을 부인할까 두렵습니다. 아니면 내가 가난하여져서 도둑질하고 내 하나님의 이름을 모욕할까 두렵습니다.

10 너는 종을 주인에게 고자질하지 마라. 그가 너를 저주하면, 네가 처벌을 받을까 두렵다.

11 자기 아버지를 저주하고 자기 어머니를 축복하지 않는 불효자식들이 있다.

12 자기 스스로 깨끗하다 여기고 자기 더러움을 씻지 않는 자들도 있다.

13 아주 거만하여 그 눈꺼풀들이 치켜올려 있는 자들이 있다.

has created the whole wide world? What is his name–and his son's name? Tell me if you know!

5 Every word of God proves true. He is a shield to all who come to him for protection.

6 Do not add to his words, or he may rebuke you and expose you as a liar.

7 O God, I beg two favors from you; let me have them before I die.

8 First, help me never to tell a lie. Second, give me neither poverty nor riches! Give me just enough to satisfy my needs.

9 For if I grow rich, I may deny you and say, "Who is the LORD?" And if I am too poor, I may steal and thus insult God's holy name.

10 Never slander a worker to the employer, or the person will curse you, and you will pay for it.

11 Some people curse their father and do not thank their mother.

12 They are pure in their own eyes, but they are filthy and unwashed.

13 They look proudly around, casting disdainful glances.

---

rebuke [ribjúːk](30:6) 질책하다
expose [ikspóuz](30:6) 폭로하다, 드러내다
neither … nor ~(30:8) …도 ~도 아닌
deny [dinái](30:9) 부인하다, 부정하다
thus [ðʌs](30:9) 이와 같이, 그러므로
insult [insʌlt](30:9) 모욕하다
slander [slæéndər](30:10) 비방하다

pay for ~(30:10) ~의 비용을 지불하다
curse [kəːrs](30:11) 저주하다
filthy [fílθi](30:12) 불결한
proudly [práudli](30:13) 거만하게
cast [kæst](30:13) (시선을) 던지다
disdainful [disdéinfəl](30:13) 경멸하는
glance [glæns](30:13) 흘긋 봄, 눈짓

5

6

7

8

9

10

11

12

13

14 앞니는 긴 칼 같고 어금니는 군인이 허리에 찬 칼 같아서, 가난한 자를 땅에서 집어삼켜 없애고, 궁핍한 자를 무시하는 자들이 있다.

15 거머리에게는 두 딸이 있어, "주세요, 주세요"라고 한다. 결코 만족을 모르는 서너 가지가 있으니,

16 곧 무덤과 아이 배지 못하는 태와 메마른 땅과 이글거리는 불이다.

17 아버지를 비웃고 어머니를 경멸하여 불순종하는 자의 눈은, 골짜기의 까마귀에게 쪼이고 독수리에게 먹힐 것이다.

18 내가 이해하지 못할 기이한 것 서너 가지가 있으니,

19 곧 공중에서 독수리가 날아다니는 길과 바위에서 뱀이 기어다니는 길과 대해에서 항해하는 배의 항로와 젊은 여자와 동침하며 지나간 남자의 길이다.

20 간음한 여자의 길도 이와 같으니 그녀는 죄를 짓고도 잘못한 것이 없다고 말한다.

21 세상을 뒤흔드는 서너 가지가 있으니,

22 왕이 된 종과 배부른 바보와

23 사랑받지 못한 여인이 시집간

14 They have teeth like swords and fangs like knives. They devour the poor from the earth and the needy from among humanity.

15 The leech has two suckers that cry out, "More, more!" There are three things that are never satisfied–no, four that never say, "Enough!":

16 the grave, the barren womb, the thirsty desert, the blazing fire.

17 The eye that mocks a father and despises a mother's instructions will be plucked out by ravens of the valley and eaten by vultures.

18 There are three things that amaze me–no, four things that I don't understand:

19 how an eagle glides through the sky, how a snake slithers on a rock, how a ship navigates the ocean, how a man loves a woman.

20 An adulterous woman consumes a man, then wipes her mouth and says, "What's wrong with that?"

21 There are three things that make the earth tremble–no, four it cannot endure:

22 a slave who becomes a king, an overbearing fool who prospers,

23 a bitter woman who finally gets a husband, a

fang [fæŋ](30:14) 송곳니, 엄니
devour [diváuər](30:14) 삼켜버리다
leech [li:tʃ](30:15) 거머리
sucker [sʌkər](30:15) 젖먹이
barren [baérən](30:16) 애를 못 낳는
womb [wu:m](30:16) 자궁
blazing [bléiziŋ](30:16) 타오르는

mock [mak](30:17) 비웃다, 조롱하다
pluck [plʌk](30:17) 잡아뜯다, 뽑다
vulture [vʌltʃər](30:17) 독수리
glide [glaid](30:19) 날아다니다
slither [slíðər](30:19) 미끄러져 가다
overbearing [ouˈvərbeˈriŋ](30:22) 건방진, 거만한
supplant [səplaént](30:23) 대신 들어앉다

14

15

16

17

18

19

20

21

22

23

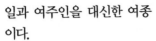
일과 여주인을 대신한 여종이다.

24 아주 작지만 아주 지혜로운 것 네 가지가 세상에 있으니,

25 곧 힘이 없지만, 여름에 음식을 장만하는 개미와

26 힘이 없지만, 돌 틈에 집을 짓는 오소리와

27 왕이 없지만, 줄을 지어 행진하는 메뚜기들과

28 손에 잡힐 것 같으면서도, 왕궁에 드나드는 도마뱀이다.

29 위풍당당하게 걷는 것 서너 가지가 있으니,

30 동물의 왕으로서 어떤 것 앞에서도 물러서지 않는 사자와

31 꼬리를 치켜 세우는 수탉과 숫염소와 군대를 거느린 왕이다.

32 만일 네가 미련하여 스스로 높은 체하거나, 악한 생각을 품었다면, 손으로 네 입을 막아라.

33 우유를 저으면 버터가 되고, 코를 비틀면 코피가 나오듯, 화를 돋우면 싸움이 생긴다.

르무엘 왕이 쓴 지혜의 말

31 르무엘 왕의 어머니가 그를 가르쳤던 말씀입니다.

servant girl who supplants her mistress.

24 There are four things on earth that are small but unusually wise:

25 Ants–they aren't strong, but they store up food all summer.

26 Hyraxes–hey aren't powerful, but they make their homes among the rocks.

27 Locusts–they have no king, but they march in formation.

28 Lizards–they are easy to catch, but they are found even in kings' palaces.

29 There are three things that walk with stately stride–no, four that strut about:

30 the lion, king of animals, who won't turn aside for anything,

31 the strutting rooster, the male goat, a king as he leads his army.

32 If you have been a fool by being proud or plotting evil, cover your mouth in shame.

33 As the beating of cream yields butter and striking the nose causes bleeding, so stirring up anger causes quarrels.

The Sayings of King Lemuel

31 The sayings of King Lemuel contain this message,

---

unusually [ənjuˈʒuˌəli](30:24) 매우, 대단히
store up(30:25) 저장하다, 비축하다
hyrax [háiəræks](30:26) 바위너구리
locust [lóukəst](30:27) 메뚜기
lizard [lízərd](30:28) 도마뱀
stately [stéitli](30:29) 위풍당당한
stride [straid](30:29) 발걸음

turn aside(30:30) 옆으로 비키다
strutting [strʌtiŋ](30:31) 거드름 부리는
rooster [rúːstər](30:31) 수탉
yield [jiːld](30:33) 산출하다
srtike [straik](30:33) 때리다, 일격을 가하다
bleeding [blíːdiŋ](30:33) 출혈
stir up(30:33) 자극하다

24

25

26

27

28

29

30

31

32

33

The Sayings of King Lemuel

31

2 오, 내 아들아, 오, 내 태에서 나온 내 아들아, 오, 내가 서원해서 얻은 내 아들아!

3 네 힘을 여자들에게 쏟지 마라. 왕을 멸망시킨 여자들에게 네 기력을 탕진하지 마라.

4 오, 르무엘아, 포도주를 마시는 것은 왕에게 합당하지 않다. 독주를 탐하는 것은 통치자에게 합당하지 않다.

5 술을 마시고 법을 망각하고 압제당하는 자들을 무자비하게 다룰까 두렵다.

6 독주는 죽게 된 자에게나 주고, 포도주는 근심하는 자나 마시게 하여라.

7 그것으로 잠시나마 그들의 고통을 잊게 하여라.

8 너는 스스로 자기 사정을 알리지 못하는 자들을 살펴 주고, 힘 없는 자들을 대변하여라.

9 공평하게 재판하여라. 가난한 자와 궁핍한 자의 권리를 변호해 주어라.

현숙한 여인

10 누가 현숙한 아내를 얻겠는가? 그녀는 비싼 진주에 비길 수 없이 귀하다.

11 그녀의 남편은 아내를 신뢰하여 아무런 부족함이 없을 것이다.

12 그녀는 평생 남편을 잘 되게 하고

which his mother taught him.

2 O my son, O son of my womb, O son of my vows,

3 do not waste your strength on women, on those who ruin kings.

4 It is not for kings, O Lemuel, to guzzle wine. Rulers should not crave alcohol.

5 For if they drink, they may forget the law and not give justice to the oppressed.

6 Alcohol is for the dying, and wine for those in bitter distress.

7 Let them drink to forget their poverty and remember their troubles no more.

8 Speak up for those who cannot speak for themselves; ensure justice for those being crushed.

9 Yes, speak up for the poor and helpless, and see that they get justice.

A Wife of Noble Character

10 Who can find a virtuous and capable wife? She is more precious than rubies.

11 Her husband can trust her, and she will greatly enrich his life.

12 She brings him good, not harm, all the days of

---

womb [wu:m](31:2) 자궁, 태

vow [vau](31:2) 서원, 맹세

waste one's strength on ~(31:3) ~에 힘을 낭비하다

guzzle [gʌzl](31:4) 폭음, 꿀꺽꿀꺽 마시다

crave [kreiv](31:4) 열망하다

give justice to ~(31:5) ~를 정당하게 다루다

oppressed [əprést](31:5) 억압받는

poverty [pάvərti](31:7) 빈곤, 가난

speak up for ~(31:8) ~를 위해 변호하다

ensure [inʃúər](31:8) 지키다, 안전하게 하다

virtuous [və́:rtʃuəs](31:10) 덕 있는

capable [kéipəbl](31:10) 유능한

greatly [gréitli](31:11) 엄청나게, 매우

enrich [inrítʃ](31:11) 풍성하게 하다

2

3

4

5

6

7

8

9

A Wife of Noble Character

10

11

12

결코 해를 끼치지 않는다.

13 그녀는 양털과 삼을 구하여 손을 부지런히 놀려 일하고

14 상선처럼 멀리서 양식을 구해 온다.

15 그녀는 이른 새벽에 일어나 가족의 밥상을 차려 주고 여종들에게 일감을 할당해 준다.

16 그녀는 밭을 잘 골라 사고, 손수 포도원을 가꾼다.

17 힘있게 허리띠를 묶고, 자기 할 일을 당차게 처리한다.

18 자기의 일이 유익한 것을 알고, 저녁에도 등불을 끄지 않는다.

19 손을 놀려 물레질을 하고, 베를 짜며,

20 팔을 벌려 가난한 자들을 돌보고 궁핍한 자에게 후히 베푼다.

21 온 식구는 눈이 와도 겁내지 않는다. 왜냐하면 가족 모두 따뜻한 옷을 입었기 때문이다.

22 그녀는 침대를 위한 이불을 만들고, 세마포와 자색옷을 입는다.

23 그녀의 남편은 유명 인사가 되고, 고위 관리들과 함께 앉는다.

24 삼베옷을 만들어 팔고, 띠를 만들어 상인들에게 판다.

her life.

13 She finds wool and flax and busily spins it.

14 She is like a merchant's ship, bringing her food from afar.

15 She gets up before dawn to prepare breakfast for her household and plan the day's work for her servant girls.

16 She goes to inspect a field and buys it; with her earnings she plants a vineyard.

17 She is energetic and strong, a hard worker.

18 She makes sure her dealings are profitable; her lamp burns late into the night.

19 Her hands are busy spinning thread, her fingers twisting fiber.

20 She extends a helping hand to the poor and opens her arms to the needy.

21 She has no fear of winter for her household, for everyone has warm clothes.

22 She makes her own bedspreads. She dresses in fine linen and purple gowns.

23 Her husband is well known at the city gates, where he sits with the other civic leaders.

24 She makes belted linen garments and sashes to sell to the merchants.

---

flax [flæks](31:13) 아마 섬유
spin [spin](31:13) (실을) 잣다, 방적하다
inspect [inspékt](31:16) 점검하다
energetic [ènərdʒétik](31:17) 활기찬
dealing [díːliŋ](31:18) 거래, 매매
thread [θred](31:19) 실
fiber [fáibər](31:19) 섬유

extend … to ~(31:20) …를 ~에게 뻗치다
needy [níːdi](31:20) 매우 가난한
household [háushòuld](31:21) 가족
gown [gaun](31:22) 긴 겉옷
civic [sívik](31:23) 시민의
garment [gάːrmənt](31:24) 의복
sash [sæʃ](31:24) 장식 띠

13

14

15

16

17

18

19

20

21

22

23

24

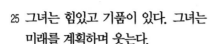
25 그녀는 힘있고 기품이 있다. 그녀는 미래를 계획하며 웃는다.

26 입을 열어 지혜를 가르치니, 그녀의 혀에는 진실한 가르침이 있다.

27 집안일을 자상히 보살피고, 태만하게 밥을 먹는 일이 없다.

28 그녀의 아들들은 그녀를 축복하고 남편 역시 그녀를 칭찬한다.

29 "뛰어난 여자들이 많지만 당신이 최고요."

30 매력도 헛되고, 아름다움도 허무하나, 여호와를 경외하는 자는 칭송을 받을 것이다.

31 그녀가 행한 일이 보상을 받고, 모든 사람들이 그녀를 칭송할 것이다.

25 She is clothed with strength and dignity, and she laughs without fear of the future.

26 When she speaks, her words are wise, and she gives instructions with kindness.

27 She carefully watches everything in her household and suffers nothing from laziness.

28 Her children stand and bless her. Her husband praises her:

29 "There are many virtuous and capable women in the world, but you surpass them all!"

30 Charm is deceptive, and beauty does not last; but a woman who fears the Lord will be greatly praised.

31 Reward her for all she has done. Let her deeds publicly declare her praise.

---

dignity [dígnəti](31:25) 존엄
laziness [lei'zinəs](31:25) 게으름, 태만함
virtuous [və́:rtʃuəs](31:29) 덕 있는
capable [kéipəbl](31:29) 유능한
surpass [sərpaés](31:29) ~보다 낫다

charm [tʃa:rm](31:30) 매력
deceptive [diséptiv](31:30) 속이는, 믿을 수 없는
reward … for ~(31:31) …에게 ~로 인해 상을 주다
publicly [pʌblikli](31:31) 공개적으로
declare [diklέər](31:31) 선언하다, 단언하다

25

26

27

28

29

30

31

영어성경
잠언 쓰기

펴낸날	초판 1쇄 발행 2018년 11월 15일
	초판 12쇄 발행 2025년 3월 27일
엮은이	편집부
펴낸이	곽성종
펴낸곳	(주)아가페출판사
등록	제21-754호(1995년 4월 12일)
주소	(08806) 서울시 관악구 남부순환로 2082-33(남현동)
전화	584-4835(본사) 522-5148(편집부)
팩스	586-3078(본사) 586-3088(편집부)
홈페이지	www.agape25.com
판권	ⓒ(주)아가페출판사 2018
ISBN	978-89-537-9625-6 (04230)
	978-89-537-9624-9 (세트)
분당직영서점	전화 031-714-7273	팩스 031-714-7177
인터넷서점	http://www.agapemall.co.kr
	*인터넷에서 '아가페몰'을 검색하세요.

아가페 필사&쓰기 전용펜

필사&쓰기성경®에 왜 전용펜을 사용해야 할까요?

1. 잉크의 뭉침이 없는 깨끗한 필기감
2. 쓸수록 종이가 부푸는 현상 방지
3. 종이끼리 붙지 않아 오랫동안 보관 가능
4. 물기로 인한 글자 훼손 방지

일반용

* 신약성경의
예수님 말씀은
빨간색 펜을
사용하세요.

중용량

일반 필사&쓰기성경 전용펜 A5 (검정/빨강)	값 900원
일반 필사&쓰기성경 전용펜 A5 (검정/빨강-1박스/12자루)	값 10,800원

필사&쓰기 전용펜 (고급) (블랙/투명)	값 1,600원
필사&쓰기 전용펜 (고급) (블랙/투명-1박스/12자루)	값 19,200원

쓰기성경을 쓰다가
잘못 쓴 글씨는
수정 테이프를 사용하세요.

아가페 수정 테이프 (본품+리필) (블루/핑크)   값 3,500원

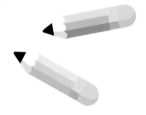